Annette Wengenmayr · Anna E. Weichert

Materialien und Kopiervorlagen
zur Klassenlektüre

Mieke van Hooft

# Der Taschendieb

Hase und Igel®

# Inhalt

### 4. bis 7. Kapitel

### 8. bis 11. Kapitel

### 12. bis 15. Kapitel

## Das Buch

Gewalt unter Jugendlichen – dieses Thema ist in den letzten Jahren immer stärker ins Blickfeld der Öffentlichkeit geraten. Medienberichte lösen Diskussionen über die Ursachen dieser Gewalt und mögliche Vorgehensweisen gegen gewalttätige Kinder und Jugendliche aus. In Mieke van Hoofts Geschichte „Der Taschendieb" wird der 12-jährige Alex Opfer einer Reihe von Gewalttaten zweier Jugendlicher. Damit erlebt er, was vielen Schülern entweder aufgrund eigener Erfahrungen oder durch Berichte aus ihrem Umfeld bekannt ist.

Wie jeden Freitag besucht Alex seine Großmutter Roos, die gleichzeitig seine beste Freundin ist. Vor Roos' Haus sieht er, wie zwei Jungen mit einem Moped davonfahren, von denen der jüngere Alex bekannt vorkommt. Im Haus findet er Roos an die Heizung gefesselt. Sie ist Opfer eines Raubüberfalls geworden. Alex muss Roos versprechen, weder der Polizei noch seiner Mutter davon etwas zu erzählen. Roos befürchtet, man werde sie sonst in ein Altersheim stecken. Mit diesem Versprechen beginnt für Alex ein Albtraum, denn die Täter haben auch ihn erkannt. Mit immer brutaleren Mitteln schüchtern sie Alex ein: Sie bedrohen, erpressen und misshandeln ihn – und nötigen ihn schließlich dazu, alten Damen die Handtaschen zu rauben. Mit jedem Diebstahl werden Alex' schlechtes Gewissen und seine Angst größer. Es gelingt ihm nicht, die Mauer des Schweigens zu durchbrechen. Bis er durch einen Zufall auf Hester trifft, eine ältere, blinde Frau, zu der er vom ersten Moment an Vertrauen fasst. Ihr erzählt er schließlich alles und durchbricht so die Spirale von Bedrohung, Angst, Diebstahl und Ohnmacht.

Das Buch zeigt eindringlich, wie sich Gewalt gegen Schwächere verselbstständigt und in einem Teufelskreis endet. Ohne eine Patentlösung aufzuzeigen, wird aus der Geschichte ersichtlich, wie wichtig gerade in solchen Situationen erwachsene Vertrauenspersonen für junge Menschen sind.

Die realistische Darstellung der Repressionen, denen Alex ausgeliefert ist und die ihn immer mehr von seiner Familie isolieren, ermöglicht es den Schülern, sich mit der Hauptperson zu identifizieren, und macht das Buch zu einer hervorragend geeigneten Lektüre für Schüler der Klassenstufen vier bis sieben. Neben dem Thema Gewalt lassen sich auch die Themenkomplexe Familienformen, Freundschaft, alte Menschen, Umgang mit blinden Menschen sowie Schuld und Strafe aufgreifen und vertiefen.

## Das Material

Das vorliegende Begleitmaterial fasst die 15 Kapitel der Lektüre in vier Abschnitte zusammen. Jedem Abschnitt ist ein Lehrerteil vorangestellt, der neben einer kurzen Inhaltsangabe der betreffenden Kapitel didaktische Ausführungen zu den Kopiervorlagen, Gesprächs- und Schreibanlässe sowie Vorschläge zur kreativen Auseinandersetzung mit den Inhalten des Buches bietet. Informationskästen liefern darüber hinaus Sach- und Hintergrundwissen zu relevanten Themen der Lektüre.

Den Kern des Materials bilden die Kopiervorlagen. Die Schüler untersuchen darauf z. B. Eigenschaften und Besonderheiten der einzelnen Figuren, beleuchten Handlungsmotive und Probleme oder stellen ihre Textkenntnis unter Beweis. Außerdem bietet das Material Arbeitsblätter, die die thematischen Schwerpunkte der einzelnen Kapitel aufgreifen und fortführen. Sie regen z. B. zum Nachdenken über die Ursachen von Gewalt an, stellen Tipps für das Verhalten in einer bedrohlichen Situation vor oder gehen der Frage nach, welche Strafen ein jugendlicher Täter zu erwarten hat. Neben dem zentralen Thema Gewalt werden die Schüler aber auch an interessante Themen herangeführt, die auf den ersten Blick ihren Lebensalltag nicht berühren, wie z. B. Blindheit und die Lebens- und Wohnsituation alter Menschen. Handlungsorientierte Aufgaben ermöglichen es, sich in die betreffenden Personen und Sachverhalte einzufühlen und sie so besser zu verstehen.

Um die Orientierung innerhalb des Materials zu erleichtern, ist jede Kopiervorlage rechts oben mit einem der folgenden Signets versehen:

Gewalt     zwischenmenschliche Beziehungen     Alter

Blindheit     Fragen zum Buch

Den Arbeitsaufträgen sind folgende Symbole vorangestellt:

schreiben     lesen     diskutieren

vorspielen     gestalten     vortragen

## Inhalt

Wie jeden Freitag möchte Alex seine Oma Roos besuchen, die zugleich auch seine beste Freundin ist. Als Alex in ihre Straße einbiegt, sieht er eine von Roos' Nachbarinnen, die dafür sorgt, dass Hunderte von Kröten die Fahrbahn sicher überqueren können. Plötzlich stürmen zwei Jungen aus Roos' Haus. Einer von ihnen zertritt absichtlich einige Kröten. Anschließend fahren beide mit ihrem Moped durch den Krötenteppich davon. Der jüngere der beiden kommt Alex bekannt vor, er weiß aber nicht, woher.

Im Haus findet er Roos an die Heizung gefesselt. Sie ist Opfer eines Raubüberfalls geworden. Aufgeregt befreit er seine Großmutter von den Fesseln. Alex' Vorschlag, den Überfall der Polizei zu melden, lehnt Roos ab. Sie möchte auch ihrer Tochter, Alex' Mutter, nicht erzählen, was passiert ist, da sie fürchtet, von ihr aufgrund dieses Ereignisses in einem Altersheim untergebracht zu werden. Roos fordert auch von Alex Stillschweigen.

Obwohl Alex von dem Erlebten tief aufgewühlt ist, berichtet er, Roos' Wunsch entsprechend, seinen Eltern nichts davon. Seine Aufregung steigert sich noch, als einer der Jungen, die Roos überfallen haben, spätabends anruft und ihn für den nächsten Morgen auf den Spielplatz bestellt. Nach dem Telefongespräch fällt ihm plötzlich der Name des Anrufers ein: Evert de Wolf.

Nachts begegnen sich Mutter und Sohn in der Küche. Alex kann sich auch jetzt nicht mitteilen. Es zeigt sich, dass er ohnehin das Gefühl hat, mit seinen Eltern nichts Wichtiges besprechen zu können.

Am nächsten Morgen trifft Alex die beiden Jungen am Spielplatz. Sie warnen ihn eindringlich davor, die Polizei zu informieren.

## Unterrichtsschwerpunkte

- Überblick zum Thema Gewalt: Was ist Gewalt? Welche Formen von Gewalt gibt es?
- Figurencharakteristiken

## Zu den Kopiervorlagen

 **Was ist Gewalt?**
KV Seite 7

Als Vorbereitung auf das zentrale Thema der Lektüre werden hier die Vorerfahrungen der Schüler gesammelt. Ausgehend von Zeitungsberichten wird im Klassengespräch zusammengetragen, welche Formen Gewalt haben kann. Notieren Sie die Antworten der Schüler zunächst als Mindmap an der Tafel.

*Mögliche Lösung*
Bedrohung, Brandstiftung, Diebstahl, Entführung, Körperverletzung, Missbrauch, Mord, Rassismus, Sachbeschädigung, Schlägerei

 **1. und 2. Kapitel:**
KV Seite 8

**Weißt du Bescheid?**

*Lösung*
Alex' Oma Roos ist OPFER einer Gewalttat geworden. Die beiden jugendlichen TÄTER konnten fliehen.

 **Gewalttaten**
KV Seite 9

Die Schüler arbeiten zunächst die Gewalttaten heraus, mit denen Alex in den ersten beiden Kapiteln konfrontiert wird, und finden die passenden Bezeichnungen dafür. Ein Gespräch über selbst erlebte Gewalt schließt sich an.

*Lösung*
Der kleinere Junge zertritt absichtlich die Kröten auf der Straße. – Tierquälerei
Alex' Oma Roos sitzt an die Heizung gefesselt in der Rumpelkammer. – Freiheitsberaubung
Die Jungen haben aus Roos' Kleiderschrank Geld gestohlen. – Diebstahl

## 3. Kapitel:
## Weißt du Bescheid?

*Lösung*

| | |
|---|---|
| Wie heißt der jüngere der beiden Täter? | Alex hat einmal ein Hühnerskelett mit in die Schule genommen und einen Vortrag darüber gehalten. |
| Warum ist Alex' Spitzname „Hühnerknochen"? | Er fühlt sich furchtbar bedroht. |
| Was sieht Alex immer wieder vor sich, als er im Bett liegt? | Er findet einen toten Spatz. |
| Mit welchen Worten beendet der Anrufer das Telefongespräch? | Die beiden Jungen schüchtern Alex ein. |
| Wie fühlt sich Alex nach dem Anruf? | Alex sieht Roos vor sich, wie sie an die Heizung gefesselt war. |
| Was kennzeichnet das Verhältnis zwischen Alex und seinen Eltern? | „Und pass auf, wenn du nicht deine Klappe hältst, sieht es nicht gut für dich aus." |
| Was geschieht beim Treffen auf dem Spielplatz? | Sein Name ist Evert de Wolf. |
| Was findet Alex auf dem Spielplatz und nimmt es mit nach Hause? | Sie sprechen kaum mehr über Wichtiges. |

### Steckbriefe

Bis auf Hester, die erst im 12. Kapitel eingeführt wird, lernen die Schüler alle Hauptfiguren der Geschichte in den ersten drei Kapiteln direkt oder indirekt kennen. Sie können deshalb bereits jetzt erste Merkmale und Charakteristika in die Steckbriefe eintragen. Die beiden Arbeitsblätter sollen die Textarbeit während der gesamten Lektüre begleiten, d. h. die Schüler ergänzen die Informationen zu den Figuren kontinuierlich.

*Mögliche Lösung*
Vater
Beruf: Vertreter
Hobbys: ist sportlich aktiv, spielt jeden Samstagvormittag Tennis
Charaktereigenschaften/Besonderheiten: gibt Alex das Gefühl, seinen Erwartungen nicht zu entsprechen; will, dass Alex sich wehrt; bemüht sich um Kontakt zu seinem Sohn; kann aufbrausend sein; hält letztlich aber zu seinem Sohn

Mutter
Beruf: Hausfrau
Charaktereigenschaften/Besonderheiten: macht dauernd Diäten; ist unerträglich, wenn sie Hunger hat; bemüht sich um Kontakt zu ihrem Sohn (fragt immer wieder, was los sei); ekelt sich vor Alex' Skelettsammlung; hält letztlich zu ihrem Sohn, trifft sich regelmäßig mit ihren „zu dicken" Freundinnen; hat kein Verständnis dafür, dass ihre Mutter, Alex' Oma Roos, nicht ins Altersheim ziehen möchte

Alex van Schendel
Aussehen: grüne Augen, blondes Haar
Alter: 12 Jahre
Beruf: Schüler
Hobbys: sammelt Knochen von Schädeln und Tieren; liest gerne Bücher über Fossilien, Dinosaurier, Kometen und Planeten; spielt Flöte
Charaktereigenschaften/Besonderheiten: versteht sich sehr gut mit seiner Oma Roos; hat keine echten Freunde; spricht nicht mit seinen Eltern über wichtige Sachen; vermisst das Interesse seines Vaters an seinen Hobbys; kann nicht kämpfen; fürchtet sich vor Schmerzen

Roos van Korven
Alter: 72 Jahre
Aussehen: grüne Augen, graues Haar, Brille
Hobby: Gartenarbeit
Charaktereigenschaften/Besonderheiten: ist sehr rüstig für ihr Alter; hat einen sehr guten Kontakt zu ihrem Enkel; stellt keine Fragen; verteidigt Alex gegenüber dem Vater; möchte selbstständig leben und keinesfalls ins Altersheim gehen; lässt sich nicht von ihrer Tochter pflegen, als sie krank ist

Hester
Alter: etwa 72 Jahre
Aussehen: hellgraue Augen, graues Haar, schönes, gepflegtes Aussehen
Hobby: Muschelsammlung
Charaktereigenschaften/Besonderheiten: ist blind; bewahrt die Schädel- und Skelettsammlung ihres verstorbenen Mannes auf, der Tierarzt war; ist einfühlsam und hilfsbereit

Lucas de Wolf
Alter: etwa 16 Jahre
Aussehen: groß, blass, glatte, blonde Haare
Hobby: Moped fahren
Charaktereigenschaften/Besonderheiten: Anführer der beiden Brüder; ist kriminell und gewalttätig (stiehlt und raubt, erpresst, bedroht, schikaniert, quält Tiere, schlägt, zerstört Sachen)

Evert de Wolf
Alter: 12 Jahre
Aussehen: blondes Haar, rundes Gesicht
Charaktereigenschaften/Besonderheiten: ist kriminell und gewalttätig (stiehlt, erpresst, bedroht, schikaniert, quält Tiere, schlägt, zerstört Sachen); will seinen Bruder austricksen

**KV Seite 13**

### Lexikon der Gewalttaten

Die Schüler sollen mit dieser Kopiervorlage einerseits dafür sensibilisiert werden, dass Gewalt in ganz unterschiedlichen Erscheinungsformen auftreten kann, andererseits das Arbeitsblatt als sprachliche Hilfestellung nutzen.

Die Liste der Straftaten orientiert sich am „Lexikon Gewalt" des Bundesverbands der Unfallkassen (heute: Verein Deutsche Gesetzliche Unfallversicherung). Sie wurde um einige Gewaltformen erweitert (Cyberbullying, Happy Slapping, Mobbing und Stalking), erhebt aber keinen Anspruch auf Vollständigkeit. Beachten Sie in Verbindung mit der zweiten Aufgabe, dass nicht alle der aufgeführten Gewalttaten in jeder Form auch eine Straftat darstellen. Im Gegenteil: Einige Taten begegnen uns fast täglich, ohne dass sie geahndet werden. Thematisieren Sie dieses Problem in einem Unterrichtsgespräch: Wann wird z.B. aus einer „harmlosen" Prügelei eine Schlägerei, die eine Bestrafung nach sich ziehen kann? Ist bereits das „Mitnehmen" eines Schokoriegels ohne Bezahlung kriminell oder fängt Diebstahl erst bei Gegenständen an, die einen größeren Wert haben?

*Lösung*
Cyberbullying: Verleumdung, Bedrohung, Belästigung oder Bloßstellung einer Person z.B. durch Fotomontagen oder die Aufnahme von Mobbingszenen mithilfe digitaler Kommunikationsformen wie sozialen Netzwerken, Foren, Blogs, Instant Messaging und E-Mails
Mobbing: Gezieltes „Fertigmachen" von Personen innerhalb einer sozialen Gruppe (besonders in Schulen, am Arbeitsplatz) über einen längeren Zeitraum
Happy Slapping: Grundloser Angriff auf eine unbekannte Person, bei der der Angreifer danach wegläuft, ohne sich um das Opfer zu kümmern. Der Angriff wird von einem weiteren Beteiligten mit einem Handy oder einer Videokamera gefilmt und im Internet veröffentlicht.
Stalking: Verfolgung, Belästigung, Terrorisierung von Personen durch ständiges Auflauern, Anrufe, E-Mails, Briefe etc.

## Gesprächs- und Schreibanlässe

*Zitat und Sprichwort*
- „Gewalt mit Gewalt bekämpfen heißt, neue Gewalt an die Stelle der alten [zu] setzen" (Tagebücher, 1893). Nehmt dieses Zitat des russischen Schriftstellers Leo N. Tolstoi (1828–1910) zum Anlass, darüber nachzudenken, wie man auf Gewalt reagieren kann.
- „Gewalt und Lügen nicht lange trügen." – Findet Beispiele dafür, dass Gewalt auf lange Sicht kein Mittel ist, um Macht und Stärke zu demonstrieren.

## Kreativ aktiv

*Collage zum Thema Gewalt*
- Sucht in Zeitungen/Zeitschriften Berichte und Bilder zu verschiedenen Formen von Gewalt und gestaltet eine Collage.

# Was ist Gewalt?

Fast täglich lesen und hören wir von Gewalttaten. Manchmal finden sie auch in unserer direkten Umgebung statt.

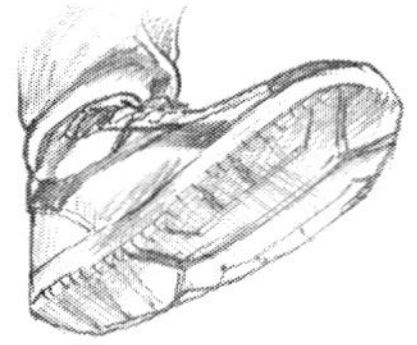

 Finde in einer Zeitung oder Zeitschrift einen Bericht zum Thema Gewalt und klebe ihn auf das graue Feld.

 Bildet Gruppen. Sprecht über eure Artikel und tragt zusammen, in welchen Formen Gewalt auftreten kann.

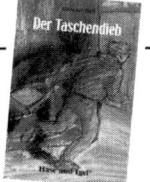

# 1. und 2. Kapitel: Weißt du Bescheid?

 Kreise die Buchstaben hinter den richtigen Aussagen ein und schreibe sie in die entsprechenden Kästchen. Die Buchstaben der anderen Aussagen bilden von oben nach unten gelesen das zweite Lösungswort.

1. Alex besucht Roos jeden Freitag, weil …

… seine Mutter arbeiten geht.                                T

… seine Mutter Besuch von Freundinnen hat.        F

2. Die Jungen, die aus Roos' Haus stürmen, fahren …

… mit einem knatternden Moped weg.        O

… mit dem voll besetzten Bus weg.              Ä

3. An diesem Freitag findet Alex Roos …

… an die Heizung gefesselt.        E

… krank im Bett liegend.              T

4. Roos reagiert auf den Überfall, indem sie …

… sich sofort an die Verfolgung der Täter macht.        E

… sich ihren Lieblingspudding kocht.                          R

5. Alex soll niemandem von dem Überfall erzählen, weil …

… es ein Anlass sein könnte,
Roos ins Altersheim zu bringen.        P

… die Jungen ja nichts gestohlen haben.        R

Alex' Oma Roos ist | ₂ | ₅ | ₁ | ₃ | ₄ | einer Gewalttat geworden.

Die beiden jugendlichen | | | | | konnten fliehen.

# Gewalttaten

Mit welchen Formen von Gewalt wird Alex im ersten und zweiten Kapitel konfrontiert?

✏️▶ Schreibe auf, was passiert ist.

_____

_____

_____

_____

                          _____

                          _____

                          _____

_____

_____

_____

✏️▶ Wie nennt man diese Straftaten? Kreise ein.

Entführung     Mord     Freiheitsberaubung

Erpressung     Misshandlung

Schikane     Diebstahl     Tierquälerei     Intrige

👥 Ist euch schon einmal Gewalt begegnet? Berichtet.

# 3. Kapitel: Weißt du Bescheid?

 Verbinde die Fragen mit den richtigen Antworten.

| | |
|---|---|
| Wie heißt der jüngere der beiden Täter? | Alex hat einmal ein Hühnerskelett mit in die Schule genommen und einen Vortrag darüber gehalten. |
| Warum ist Alex' Spitzname „Hühnerknochen"? | Er fühlt sich furchtbar bedroht. |
| Was sieht Alex immer wieder vor sich, als er im Bett liegt? | Er findet einen toten Spatz. |
| Mit welchen Worten beendet der Anrufer das Telefongespräch? | Die beiden Jungen schüchtern Alex ein. |
| Wie fühlt sich Alex nach dem Anruf? | Alex sieht Roos vor sich, wie sie an die Heizung gefesselt war. |
| Was kennzeichnet das Verhältnis zwischen Alex und seinen Eltern? | „Und pass auf, wenn du nicht deine Klappe hältst, sieht es nicht gut für dich aus." |
| Was geschieht beim Treffen auf dem Spielplatz? | Sein Name ist Evert de Wolf. |
| Was findet Alex auf dem Spielplatz und nimmt es mit nach Hause? | Sie sprechen kaum mehr über Wichtiges. |

# Steckbriefe (1)

Neben Alex, Oma Roos und den Brüdern Lucas und Evert de Wolf stehen auch
Alex' Eltern und später eine Frau namens Hester im Mittelpunkt der Geschichte.

 Wer sind die Personen und was erfährst du über sie? Achte auf Aussehen,
Alter, Beruf, Hobbys, Charaktereigenschaften und weitere Besonderheiten. Ergänze deine Beschreibungen während der Lektüre.

# Steckbriefe (2)

 Wer sind die Personen und was erfährst du über sie? Achte auf Aussehen, Alter, Beruf, Hobbys, Charaktereigenschaften und weitere Besonderheiten. Ergänze deine Beschreibungen während der Lektüre.

# Lexikon der Gewalttaten

Amoklaufen, Ausgrenzung, Belästigung, Beleidigung, Brandstiftung, Cyberbullying, Demütigung, Diebstahl, Drohung, Einbruch, Entführung, Erpressung, Freiheitsberaubung, Handymissbrauch, Happy Slapping, Intrige, Körperverletzung, Missbrauch, Misshandlung, Mobbing, Mord, Nötigung, Rassismus, Rufmord, Sachbeschädigung, Schikane, Schlägerei, sexuelle Belästigung, Stalking, Tierquälerei, Vandalismus, Vergewaltigung

Recherchiere Begriffe, die dir unklar sind, im Internet oder in Lexika. Schreibe eine kurze Definition der folgenden Gewalttaten auf.

**Cyberbullying:** _____

**Mobbing:** _____

**Happy Slapping:** _____

**Stalking:** _____

Wie schlimm eine Gewalttat ist, hängt von der jeweiligen Situation und der Wahrnehmung des Einzelnen ab. Ordne einige der oben stehenden Begriffe nach deinem Empfinden ein.

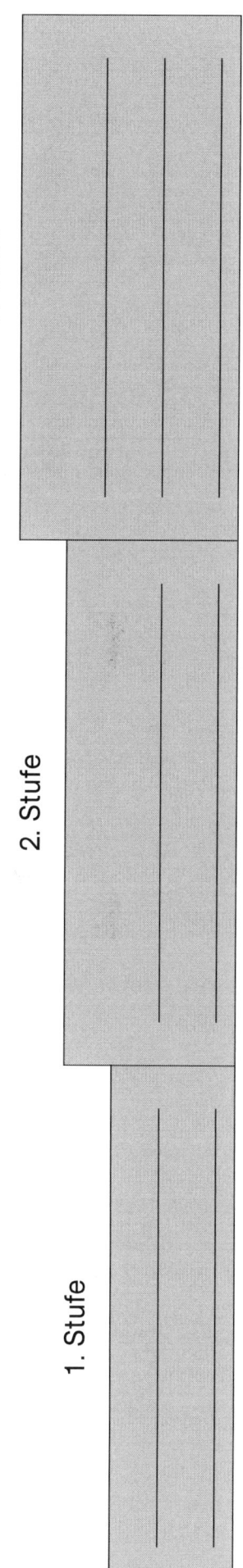

1. Stufe

2. Stufe

3. Stufe

## Inhalt

Alex besucht Roos, erzählt ihr aber nicht, dass die Jungen mit ihm Verbindung aufgenommen haben und ihn nun unter Druck setzen.

Zu Hause erhält Alex' Mutter Besuch von einer Freundin, die weinend berichtet, dass ihr gerade ein Junge auf einem Fahrrad die Handtasche entrissen habe. Die Mutter geht mit ihr zur Polizei. Alex schweigt auch jetzt über seine Erlebnisse.

Bei einem weiteren erzwungenen Treffen werfen die Brüder Alex' Notenbuch ins Wasser und nehmen ihm seine Flöte weg. Sie drohen, sie kaputt zu machen, wenn er nicht einer alten Frau die Handtasche raubt und ihnen den Inhalt gibt. Alex rennt aber an der Frau, die er bestehlen soll, vorbei nach Hause, ohne ihr die Tasche zu entreißen. Wütend fordern die Jungen im folgenden Telefongespräch, Alex solle am nächsten Abend 50 Euro zahlen, um seine Flöte zurückzuerhalten.

Am Tag darauf fischt Alex das Notenbuch aus dem Brunnen. In seiner Not wendet er sich an Roos, die das durchnässte Buch zu retten versucht. Alex erzählt ihr aber nichts von dem Treffen mit Evert und Lucas. Da Alex die geforderten 50 Euro nicht hat, zwingen ihn die Brüder am Abend erneut zu einem Handtaschenraub. Im Austausch gegen das erbeutete Geld erhält er seine Flöte zurück.

Beim nächsten Treffen drohen die beiden Jungen damit, Roos die Treppe runterzuschubsen, wenn er nicht weiterhin Geld durch den Raub von Handtaschen beschafft. Alex geht schließlich erneut auf diese Forderung ein, der nächste Raub gelingt jedoch nicht.

## Unterrichtsschwerpunkte

- Ursachen für Gewalt und Möglichkeiten zur Gewaltprävention
- Verhaltensmuster von Opfer und Täter
- Reflexion des eigenen Verhaltens / eigener Erfahrungen

## Zu den Kopiervorlagen

 **KV Seite 17** **4. und 5. Kapitel: Weißt du Bescheid?**

*Lösung*
1. Alex hat noch keine große Angst vor den Jungen. (S)
2. Alex kann nicht einfach zu Roos ins Haus gehen, weil sie die Küchentür abgeschlossen hat. (L)
3. Die Mutter mag seine Knochensammlung nicht. (O)

4. Frau Verbruggen wird auf der Straße die Handtasche gestohlen. (E)
5. Die Mutter und Frau Verbruggen verständigen die Polizei. (F)
6. Alex mag Bücher über Dinosaurier und Fossilien. (A)
7. Alex soll einer Frau die Handtasche rauben. (U)
8. Alex erzählt seinen Eltern nichts, sondern geht auf sein Zimmer. (W)
9. Die Jungen verlangen 50 Euro für die Flöte. (D)
10. Der Vater meint, man muss sich verteidigen können. (L)
11. Alex kann sich durch Bauchatmung beruhigen und einschlafen. (C)

LUCAS DE WOLF heißt der zweite Täter.

 **KV Seite 18** **Was wäre, wenn …**
Die Fähigkeit, sich in einen anderen Menschen hineinzuversetzen, seine Haltung und Gefühle zu teilen und damit seine Handlungen nachzuvollziehen, soll mithilfe dieses Arbeitsblatts geschult werden. Die Schüler setzen sich mit Alex' Schweigen auseinander und denken über Handlungsalternativen nach. Im Anschluss daran versuchen die Schüler in einem Rollenspiel das Gespräch zwischen Alex und der Person, der er sich anvertraut, nachzuspielen.

*Lösungsvorschlag*
Aufgabe 2:
1. Alex hat Angst vor Evert und Lucas – Angst, dass sie ihm körperlich wehtun, aber auch, dass die Brüder seine Flöte kaputt machen und er sich dafür vor seinem Vater verantworten muss, dessen Erwartungen er nicht gerecht zu werden glaubt. Andererseits bindet ihn auch das Versprechen, das er Roos gegeben hat, die fürchtet, in ein Altersheim gehen zu müssen, wenn Alex' Eltern von dem Überfall erfahren.
2. Sowohl Alex' Eltern als auch Roos würden vermutlich die Polizei informieren, wenn er sich ihnen anvertrauen würde. Die Polizei würde Lucas und Evert de Wolf zur Verantwortung ziehen – und damit das Netz aus Bedrohung und Schweigen zerreißen.
3. Alex könnte z. B. mit Roos, seiner Mutter oder seinem Vater reden oder sich einem Mitschüler, einem Lehrer oder Polizisten anvertrauen. Weitere Möglichkeiten wären, eine Beratungsstelle für Kinder und Jugendliche anzurufen, den Kinderschutzbund zu kontaktieren oder einen Sozialarbeiter anzusprechen.

**6. und 7. Kapitel:**
**Weißt du Bescheid?**

*Lösung*

1. Alex angelt sein Notenbuch aus dem Brunnen.
2. Alex besucht Roos.
3. Roos trocknet Alex' Notenbuch auf der Wäscheleine.
4. Roos berichtet, dass sie die Hintertür ihres Hauses in letzter Zeit immer abschließt.
5. Alex erzählt Roos nicht, dass er die Täter kennt und sie ihn bedrohen.
6. Beim Treffen am Brunnen kann Alex den Brüdern keine 50 Euro übergeben.
7. Die Jungen schikanieren Alex zunächst. Er muss einen Satz laut wiederholen, der ihn lächerlich macht.
8. Um seine Flöte doch noch zurückzuerhalten, raubt Alex für die Jungen eine Handtasche.
9. Mit der Drohung, Roos etwas anzutun, stiften die Jungen Alex am nächsten Tag erneut dazu an, eine Handtasche zu rauben.
10. Dieser Raub gelingt Alex nicht.
11. Die Frau umklammert nämlich ihre Handtasche mit beiden Händen, schaut Alex an und schreit laut.

**Ursachen für Gewalt**

Studien zeigen, dass gewalttätiges Verhalten in der Regel nicht das Resultat einer einzelnen Ursache ist, sondern meist durch die Bündelung mehrerer Ursachen entsteht, die auf eine komplexe Art und Weise interagieren.

Beispielsweise können familiär bedingte Faktoren, wie gewalttätiges Verhalten der Eltern oder ein niedriger sozialer Status der Eltern, einhergehen mit Arbeitslosigkeit und dem Bezug von Sozialhilfe. Inkonsistentes Erziehungsverhalten kann ebenfalls gewalttätige Tendenzen bei Kindern begünstigen. Diskutiert wird auch der Einfluss der Schule: So scheint der Besuch einer Haupt- oder Förderschule und die oft damit verbundene Perspektivlosigkeit der Jugendlichen zu Frustration und im nächsten Schritt zu Gewalt als Ventil zu führen. In diesem Zusammenhang wird auch die soziale Integration von Migranten angeführt. Gleichzeitig produzieren Fremdenhass und Rechtsradikalismus gewalttätiges Verhalten. Debattiert wird zudem der Einfluss der Medien. Aber auch in der Persönlichkeit des Einzelnen und seiner Zugehörigkeit zu einer Peer Group sind weitere Ursachen zu sehen.

*Lösungsvorschlag*
Aufgabe 1:
Probleme in der Familie (aufgrund veränderter Familienstrukturen Mangel an Liebe, Aufmerksamkeit, Zeit; zu viel Strenge, Schläge, Streit; Inkonsequenz in der Erziehung), Zugehörigkeit zu Cliquen (sog. „Bullies": Jugendliche, die andere regelmäßig attackieren und quälen), Probleme der sozialen Integration, Drang nach Geltung und Anerkennung, schlechte Zukunftsperspektiven, Armut, verletzte Ehre/Beleidigungen, Misserfolge in der Schule, fehlende Freundschaften, Gewalt in den Medien (sog. „Killerspiele"), Fremdenhass/Rechtsradikalismus

Aufgabe 3:
Stadt- oder Gemeindeverwaltung:
– Einrichtungen, Initiativen, Programme, Maßnahmen und Veröffentlichungen zur Gewaltprävention und Konfliktregelung schaffen und unterstützen
– Organisation von Veranstaltungen und öffentlichen Auftritten unterstützen
– Kooperationspartner im Rahmen von runden Tischen und kommunaler Kriminalprävention vernetzen
– sinnvolle Freizeitangebote bereitstellen
Als Einzelner:
– Achtung vor seinen Mitmenschen haben: andere Personen so behandeln, wie man selbst behandelt werden möchte
– kommunikativ und offen miteinander umgehen
– Anderssein tolerieren
– Alternativen zu gewalttätigem Verhalten überlegen, um Probleme zu lösen
– als Zeuge von gewalttätigem Verhalten Zivilcourage beweisen

**Opfer und Täter**

Sprechen Sie mit Ihrer Klasse darüber, welche Verhaltensweisen typisch für ein Opfer bzw. einen Täter sind, und halten Sie die Ergebnisse an der Tafel fest. Verteilen Sie dann das Arbeitsblatt. Die Schüler lesen die Sätze und schlussfolgern, ob es sich bei der Person um das Opfer (Alex) oder die beiden Täter (Evert und Lucas) handelt. Anschließend tragen sie die entsprechenden Namen in die Lücken ein. Eine gute Textkenntnis erleichtert das Lösen der Aufgabe. Selbstverständlich können die Schüler nochmal im Buch nachlesen.

Leistungsstarke Schüler können alternativ selbstständig aus dem Textabschnitt Seite 60 – 65 alle Sätze heraussuchen, die beschreiben, wie sich die Personen verhalten.

*Lösung*

1. Evert, Alex; 2. Lucas, Alex; 3. Evert; 4. Lucas, Evert, Alex; 5. Lucas, Alex; 6. Alex; 7. Lucas, Alex'; 8. Alex; 9. Alex; 10. Lucas, Evert, Alex'; 11. Evert; 12. Alex; 13. Lucas, Alex; 14. Alex; 15. Alex; 16. Lucas, Alex; 17. Alex; 18. Alex, Everts

---

**KV Seite 22**

**Fragebogen zur Gewalt**

Der Einsatz dieser Kopiervorlage setzt ein hohes Maß an Vertrauen der Schüler untereinander und der Klasse zum Lehrer voraus: Die Schüler sollen mithilfe des Fragebogens eigene Erfahrungen bzw. ihr eigenes Verhalten reflektieren. Während einige Fragen klar auf eine Opfer- oder Täterrolle abzielen, werden andere Handlungen im Alltag nicht unter diesen Kategorien betrachtet. Wer z. B. ist nicht schon einmal beschimpft worden oder hat einen Mitschüler bei einem Spiel aus der Gruppe ausgeschlossen? Nutzen Sie diese Erkenntnis und regen Sie Ihre Klasse an darüber nachzudenken, ab wann man zum Täter wird.

## Gesprächs- und Schreibanlass

*Schweigen ist Gold?*

- Stellt das Sprichwort „Reden ist Silber, Schweigen ist Gold" dem Zitat „Schweigen ist der beste Ausweg für den, der seiner Sache nicht sicher ist" des französischen Schriftstellers François de La Rochefoucauld (1613–1680) gegenüber. Thematisiert, was Schweigen ausdrückt und inwieweit es in Konfliktsituationen sinnvoll sein kann.

## Kreativ aktiv

*Ein besseres Sozialklima in der Klasse schaffen*

- Wertet eure Arbeitsblätter „Fragebogen zur Gewalt" gemeinsam aus und überlegt euch Maßnahmen zur Schaffung eines besseren Sozialklimas in eurer Klasse.

*Umfrage*

- Nehmt das Arbeitsblatt „Fragebogen zur Gewalt" als Grundlage für eine breiter angelegte Umfrage zum Thema Gewalt (z. B. in der Klassenstufe/der Schule). Ziel der (natürlich anonymen) Umfrage soll es sein, festzustellen, wie groß die Gewaltbereitschaft an eurer Schule ist. Wie kann man sie senken?

*Recherche*

- Alex hat niemanden in seinem privaten Umfeld, dem er sich anvertrauen möchte. Welche Organisationen könnten z. B. Ansprechpartner für Alex sein, damit er sich trotzdem alles „von der Seele reden" kann?

---

Professionelle, kostenlose Beratungsangebote:

Deutschland
Kinder- und Jugendtelefon: 116 111
(„Nummer gegen Kummer")
Sprechzeit: Montag bis Samstag 14–20 Uhr
*www.kinderundjugendtelefon.de*

Österreich
Kindernotruf: 0800 567 567
Sprechzeit: täglich rund um die Uhr
*www.kindernotruf.at*

Schweiz
Pro Juventute Telefonhilfe: 147
(147.ch macht dich stärker)
Sprechzeit: täglich rund um die Uhr
*www.projuventute.ch*

---

*Antigewalttraining*

- Wie können Konflikte möglichst früh und gewaltfrei gelöst werden? Recherchiert, welche Angebote es dafür in eurer Stadt gibt. Verschiedene Institutionen führen auch Seminare in Schulen durch. Informiert euch und nehmt gemeinsam an einem Antigewalttraining teil.

# 4. und 5. Kapitel: Weißt du Bescheid?

 Kreise die Buchstaben hinter den richtigen Aussagen ein und schreibe sie unten in das entsprechende Kästchen.

1. Alex geht zur Polizei.    Z
   Alex hat noch keine große Angst vor den Jungen.    S    *(5. Kästchen)*

2. Roos schenkt Alex ihre Skelettsammlung.    R
   Alex kann nicht einfach zu Roos ins Haus gehen,    L    *(1. Kästchen)*
   weil sie die Küchentür abgeschlossen hat.

3. Alex' Mutter hilft ihm gerne, die Fischgräte auszukochen.    A
   Die Mutter mag seine Knochensammlung nicht.    O    *(9. Kästchen)*

4. Frau Verbruggen wird auf der Straße die Handtasche gestohlen.    E
   Frau Verbruggen erkennt die Täter sofort.    P    *(7. Kästchen)*

5. Frau Verbruggen und Alex verständigen, ohne zu zögern,    M
   die Polizei.
   Die Mutter und Frau Verbruggen verständigen die Polizei.    F    *(11. Kästchen)*

6. Alex mag Bücher über Dinosaurier und Fossilien.    A
   Alex liest gerne Kriminalromane.    R    *(4. Kästchen)*

7. Alex soll einer Frau die Handtasche rauben.    U
   Alex soll in einem Kaufhaus stehlen.    S    *(2. Kästchen)*

8. Alex bespricht alles mit Roos.    B
   Alex erzählt seinen Eltern nichts, sondern geht    W    *(8. Kästchen)*
   auf sein Zimmer.

9. Die Jungen verlangen 50 Euro für die Flöte.    D
   Evert wirft die Flöte in den Brunnen.    E    *(6. Kästchen)*

10. Die Mutter sagt, man soll kämpfen.    H
    Der Vater meint, man muss sich verteidigen können.    L    *(10. Kästchen)*

11. Alex schaut sich Filme an, bis er einschlafen kann.    L
    Alex kann sich durch Bauchatmung beruhigen    C    *(3. Kästchen)*
    und einschlafen.

| 1 | 2 | 3 | 4 | 5 | | 6 | 7 | | 8 | 9 | 10 | 11 | heißt der zweite Täter.
|---|---|---|---|---|---|---|---|---|---|---|----|----|

# Was wäre, wenn …?

Alex weiß, wer Roos überfallen hat und ihn nun bedroht.

✏️ Ergänze die Namen
der Täter in der Denkblase.

_____
_____

✏️ Überlegt zu zweit.

1. Warum hält sich Alex an die Forderung zu schweigen?

_____
_____

2. Was wäre, wenn Alex reden würde?

_____
_____

3. Mit wem könnte Alex reden?

_____

🎬 Rollenspiel: 1.  Schreibt das Gespräch zwischen Alex und einer Person, der er sich anvertraut, auf und spielt die Szene nach.

Alex
_____
_____
_____

_____
_____

Alex
_____
_____
_____

# 6. und 7. Kapitel: Weißt du Bescheid?

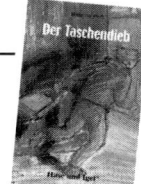

✏️ Bringe die Sätze in die richtige Reihenfolge.

( ) Alex besucht Roos.

( ) Die Jungen schikanieren Alex zunächst. Er muss einen Satz laut wiederholen, der ihn lächerlich macht.

( ) Roos trocknet Alex' Notenbuch auf der Wäscheleine.

( ) Dieser Raub gelingt Alex nicht.

(1) Alex angelt sein Notenbuch aus dem Brunnen.

( ) Alex erzählt Roos nicht, dass er die Täter kennt und sie ihn bedrohen.

( ) Roos berichtet, dass sie die Hintertür ihres Hauses in letzter Zeit immer abschließt.

( ) Um seine Flöte doch noch zurückzuerhalten, raubt Alex für die Jungen eine Handtasche.

( ) Beim Treffen am Brunnen kann Alex den Brüdern keine 50 Euro übergeben.

( ) Die Frau umklammert nämlich ihre Handtasche mit beiden Händen, schaut Alex an und schreit laut.

( ) Mit der Drohung, Roos etwas anzutun, stiften die Jungen Alex am nächsten Tag erneut dazu an, eine Handtasche zu rauben.

# Ursachen für Gewalt

Jugendliche können aus vielen verschiedenen Gründen aggressiv und gewalttätig werden. Was bewegt sie dazu, sich zu prügeln, andere Personen zu bedrängen und zu erpressen, zu stehlen, zu randalieren oder öffentliches Eigentum zu beschädigen?

✏️ Sprecht in Gruppen darüber und notiert eure Ergebnisse.

_____          _____
_____          _____
_____          _____

_____          _____
_____          _____

_____          _____
_____          _____

 „Bei manchen Typen bringt reden überhaupt nichts."
Stimmt ihr dieser Aussage zu?

 Was kann man tun, um die Gewaltbereitschaft von Jugendlichen
zu senken? Was könnte eure Stadt- oder Gemeindeverwaltung tun?
Was kannst du selbst tun?

# Opfer und Täter

Alex trifft sich mit Evert und Lucas am Brunnen, um den beiden das Geld für seine Flöte zu geben. Aber so einfach lassen die Brüder Alex nicht davonkommen …

 Wie verhalten sich Evert und Lucas bei dem Treffen, wie reagiert Alex? Lies auf Seite 60 – 65 noch einmal genau nach und setze die Namen an der richtigen Stelle ein.

1. _____ begrüßt _____ mit einem Stups in den Magen.

2. _____ schlägt _____ unter die Hand. Das Geld rollt weg.

3. _____ scharrt das Geld zusammen und schiebt es in den Gully.

4. _____ und _____ lachen _____ aus.

5. _____ zwingt _____ zu sagen:

   „Ich bin ein Baby mit einem rosa Sparschwein."

6. _____ schweigt.

7. _____ wedelt mit der Flöte vor _____ Nase herum

   und ruft: „Soll ich sie doch lieber kaputt machen?"

8. _____ bittet: „Tu's nicht!"

9. _____ schämt sich zu Tode.

10. _____ und _____ spucken auf den Boden,

    genau vor _____ Füße.

11. „Es fehlen noch zwanzig Euro", sagt _____ .

12. „Ich habe nicht mehr", sagt _____ leise und reibt sich die Augen.

13. _____ steckt die Flöte in die Tasche und schaut _____ an.

    „Du bekommst die Flöte zurück. Aber vorher musst du noch etwas erledigen."

14. _____ weiß, was kommen wird.

15. „Ich kann das nicht", stöhnt _____ .

16. _____ boxt _____ in die Seite.

17. _____ schreit vor Schmerzen auf.

18. _____ graust es, als er _____ Blick sieht.

# Fragebogen zur Gewalt

✏️ Kreuze an.

|  | ja | nein |
|---|---|---|
| Bist du schon einmal … |  |  |
| … bestohlen worden? | ☐ | ☐ |
| … angeschrien worden? | ☐ | ☐ |
| … beschimpft worden? | ☐ | ☐ |
| … unter Druck gesetzt / erpresst worden? | ☐ | ☐ |
| … beleidigt worden? | ☐ | ☐ |
| … gehänselt oder geärgert worden? | ☐ | ☐ |
| … geschlagen worden? | ☐ | ☐ |
| … belästigt worden? | ☐ | ☐ |
| … wegen deiner Hautfarbe oder deiner Nationalität beschimpft worden? | ☐ | ☐ |
| … _____ | ☐ | ☐ |

|  | ja | nein |
|---|---|---|
| Hast du schon einmal … |  |  |
| … jemanden beleidigt? | ☐ | ☐ |
| … andere aus einer Gruppe ausgeschlossen? | ☐ | ☐ |
| … Tiere gequält? | ☐ | ☐ |
| … anderen gewaltsam etwas weggenommen? | ☐ | ☐ |
| … Sachen anderer absichtlich beschädigt? | ☐ | ☐ |
| … Eigentum anderer zerstört? | ☐ | ☐ |
| … Waffen in die Schule mitgebracht? | ☐ | ☐ |
| … dich mit anderen geprügelt? | ☐ | ☐ |
| … jemanden wegen seiner Hautfarbe oder seiner Nationalität beschimpft? | ☐ | ☐ |
| … _____ | ☐ | ☐ |

👧👦👦 Bildet Gruppen. Vergleicht eure Antworten und sprecht darüber, wie ihr in diese Situation gekommen seid und wie ihr euch gefühlt habt.

## Inhalt

In der Zeitung wird von einem versuchten Handtaschenraub berichtet. Alex gerät in Panik. Als seine Mutter erzählt, dass Roos sich den Fuß verstaucht hat, steht für Alex fest, dass Lucas und Evert ihre Drohung, Roos von der Treppe zu stürzen, wahr gemacht haben. Doch Roos bestätigt Alex' Vermutung nicht. Ihr Beharren darauf, dass es ein Unfall war, ist in seinen Augen ein Zeichen für mangelndes Vertrauen. Er fühlt sich von ihr verraten und geht im Streit aus dem Haus.

Wie so oft erhält die Mutter Besuch von einer Freundin. Mit deren kleinem Sohn Vincent geht Alex in einen Park und begegnet Evert und Lucas. Um ihrer Forderung nach einem weiteren Taschenraub Nachdruck zu verleihen, entführen sie Vincent für ein paar Minuten. Am Abend holen sie Alex unter Gewaltandrohung von zu Hause ab und zwingen ihn – wie auch an den beiden darauffolgenden Abenden – zu weiteren Raubüberfällen.

Alex ist dem zunehmenden Druck nicht länger gewachsen und kann eines Morgens nicht aufstehen. Während die Mutter mitfühlend reagiert, verhält sich der Vater ungeduldig und toleriert Alex' Schwäche nicht. Auch jetzt kann Alex nicht mit seinen Eltern sprechen.

## Unterrichtsschwerpunkte

- Leben und Wohnen im Alter
- Wert von Freundschaften / einer Familie
- Familienformen

## Zu den Kopiervorlagen

Roos' Angst, in einem Altersheim untergebracht zu werden, führt wie ein roter Faden durch die Lektüre. Sie bestimmt in hohem Maße ihr Handeln und damit auch das ihres Enkels. Aus diesem Grund soll das Thema an dieser Stelle vertieft werden.

**8. Kapitel:**
**Weißt du Bescheid?**
KV Seite 27

*Lösung*
richtige Sätze: 1, 4, 5, 8, 9
Lösungswort: ANGST

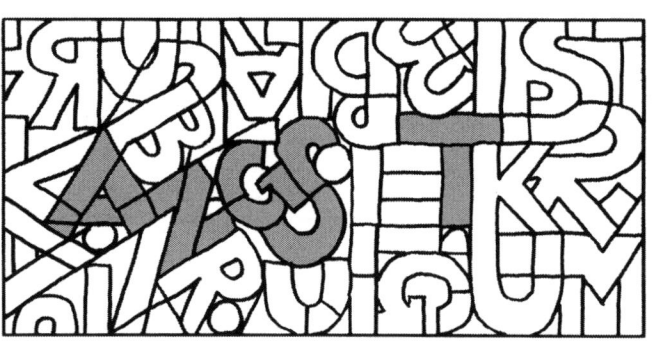

**Mit 66 Jahren …**
KV Seite 28

Spielen Sie nach der Bearbeitung des Arbeitsblatts den bekannten Schlager „Mit 66 Jahren …" von Udo Jürgens vor und lassen Sie die Schüler die Aussagen des Textes mit ihren Antworten zur zweiten Aufgabe vergleichen. Den Liedtext finden Sie im Internet auf *www.udojuergens.de* unter Musik – Songtexte.

**Wohin im Alter?**
KV Seite 29

Im Zusammenhang damit, wie man als alter Mensch sein Leben gestalten möchte (KV „Mit 66 Jahren …", Seite 28), stellt sich auch die Frage nach der Wohnsituation. Nicht jeder ist gesundheitlich in der Lage, seinen Alltag bis ins hohe Alter selbstständig zu meistern. Freiwillig in ein Altersheim umziehen möchten jedoch nur wenige Senioren, zu groß ist die Angst „abgeschoben" zu werden. Zumeist sind es die Verwandten, die diesen Schritt aus Sorge um ihre Angehörigen in Erwägung ziehen – so wie Alex' Mutter. Die Schüler versetzen sich in die Rolle von Roos und Alex' Mutter und überlegen sich Gründe für bzw. gegen einen Umzug ins Altersheim. Auch die Frage, inwieweit und wie lange alte Menschen Entscheidungen über ihre Zukunft selbst treffen dürfen bzw. können, kann thematisiert werden. Anschließend äußern die Schüler ihre Meinung zum Thema „Wohnen im Altersheim" und informieren sich über alternative Wohnformen.

*Lösung*
Aufgabe 1:
a) Gründe, warum Roos nicht ins Altersheim ziehen möchte: Sie fühlt sich kräftig genug, weiterhin selbstständig / eigenverantwortlich zu leben und den Alltag allein zu bewältigen. Sie möchte Haus und Garten nicht aufgeben.

b) Gründe, warum Alex' Mutter möchte, dass Roos ins Altersheim zieht: Sie wüsste Roos gut versorgt und müsste sich nicht ständig Sorgen um ihre Mutter machen. Roos bräuchte sich nicht mehr um Haus und Garten zu kümmern und wäre nicht allein.

Aufgabe 3:
Betreutes Wohnen; Wohngemeinschaften; Mehrgenerationenhäuser; Hilfe durch (karitative) Organisationen, die Senioren im Alltag unterstützen (z. B. „Essen auf Rädern", ambulante Pflegedienste, Haushaltshilfen), Hilfe durch die Familie (z. B. beim wöchentlichen Einkauf, Hausputz, bei der Gartenarbeit)

 **KV Seite 30** **Familienrat**
Die Texte auf den Kärtchen geben den Schülern ihre Argumentationsrichtung beim Rollenspiel vor. Dabei nehmen sie eine Position ein, die mit ihrer eigenen Meinung u. U. nicht übereinstimmt, und betrachten das Problem somit einmal aus einer ganz anderen Perspektive. Auf dem Weg zu einer Lösung, die für alle Familienmitglieder akzeptabel ist, gilt es, seine Argumente schlüssig und überzeugend vorzubringen, aber auch Zugeständnisse zu machen.

 **KV Seite 31** **„Alt sein" heißt …**
Diese Kopiervorlage können Sie auch als Einstieg in das Thema nutzen. Die überspitzt formulierten Aussagen regen dazu an, sich mit Vorurteilen auseinanderzusetzen.

 **KV Seite 32** **9. Kapitel:**
**Weißt du Bescheid?**

*Lösung*
1. gefallen, gestoßen; 2. reden, Vater, Mutter, Lehrer, Ruhe; 3. Besuch, Vincent, Park, Lucas, Evert, entführen; 4. Brunnen, bedrohen, zwingen, Handtaschenraub

 **KV Seite 33** **Freunde**
Freundschaft ist ein zentrales Thema für Jugendliche. Alternativ zur ersten Aufgabe kann den Schülern zum Einstieg ein gemeinsames Brainstorming an der Tafel bewusst machen, was den Wert einer Freundschaft ausmacht und was sie bei einer bestehenden Freundschaft eventuell vermissen. Ausgehend davon versetzen sich die Schüler in Alex' Lage, der keine Freunde hat, mit denen er sprechen kann oder die ihm zur Seite stehen: Wie hätten Freunde ihn unterstützen können?

*Lösung*
Aufgabe 2:
Freunde hätten mit Alex sprechen, ihm zuhören, ihn beraten, Dritte informieren (Eltern, Lehrer, Polizei, Sozialarbeiter) oder ihn vielleicht auch verteidigen können.

---

**Zum Einsatz von Elfchen**
Elfchen sprechen aufgrund ihrer grafischen Anordnung das ästhetische Empfinden an. Die systematisch gesteigerte Zahl der Wörter erzeugt einen Rhythmus. Die Verwendung von Wörtern in der Grundform erleichtert es auch schwächeren Schülern und Nichtmuttersprachlern, kreativ mit Sprache umzugehen und selbstständig oder in Partnerarbeit ein Gedicht zu verfassen.

Ein Elfchen besteht aus elf Wörtern, die in festgelegter Form auf fünf Zeilen verteilt werden. Für jede Zeile wird eine Anforderung formuliert, die variiert werden kann. Beispiel:

1. Zeile: ein Wort (Thema)
2. Zeile: zwei Wörter (Was macht das Wort aus der ersten Zeile? Zu wem könnte es passen?)
3. Zeile: drei Wörter (Wo oder wie ist das Wort aus der zweiten Zeile? Was tut es?)
4. Zeile: vier Wörter (Was meinst du?)
5. Zeile: ein Wort (Fazit/Pointe)

---

**KV Seite 34** **10. und 11. Kapitel:**
**Weißt du Bescheid?**

*Lösung*
1. Eines Morgens, als Alex aufwacht, fühlt sich sein Körper SCHWER an und tut weh.
2. Alex will nicht zur Schule gehen, sondern nur noch SCHLAFEN.
3. Alex' Mutter ruft den Hausarzt an, der Alex UNTERSUCHT, aber keine Krankheit feststellen kann.

4. Alles ist weich und warm um Alex herum und er fühlt sich wie von einer WOLKE eingehüllt.
5. Alex' Mutter ist sehr besorgt und bringt ihm LECKER-BISSEN ans Bett.
6. Weil Alex im Bett liegen bleibt, kommt es immer wieder zum STREIT mit seinem Vater.
7. Damit Alex sich „wie neugeboren" fühlt, geht sein Vater mit ihm auf den Sportplatz zum JOGGEN.
8. Um von Lucas in Ruhe gelassen zu werden, soll Alex 400 Euro in der Woche an EVERT abliefern.
9. Wieder soll Alex einer alten Frau die HANDTASCHE rauben.

Sein SCHWEIGEN führt Alex in eine ausweglose Situation.

## Familienformen

Vater und Mutter, verheiratet, mit ein bis zwei Kindern – so sieht die *traditionelle Form* der deutschen Familie aus und nach diesem Ideal strebt auch heute noch ein Großteil der Bevölkerung. In Deutschland leben 5,6 Millionen Familien mit verheirateten Eltern (gemischt- und gleichgeschlechtlich), das entspricht 70 Prozent aller Familien. Allerdings hat sich das Rollenverhalten in der Familie mit der Zeit verändert: Während früher die Frau traditionell Hausfrau und Mutter war, sind heute immer mehr Mütter berufstätig – zum einen, um einen Beitrag zum Familieneinkommen zu leisten, zum anderen, um sich selbst zu verwirklichen. Im Gegenzug wird nun auch den Vätern das Recht auf eine Elternzeit bzw. Teilarbeitszeit eingeräumt, das bislang aber nur rund zweieinhalb Prozent der Familienväter in Anspruch nehmen.

Eine weitere Familienform ist die *Einelternfamilie*. Während sie vor einigen Jahrzehnten noch mit einem eher negativen Image zu kämpfen hatte, ist sie heute ganz alltäglich: Rund 19 Prozent der Familien sind Alleinerziehende. Meist handelt es sich dabei um eine Mutter-Kind(er)-Familie, seltener lebt der Vater allein mit den Kindern. Gründe für diese Familienform sind Scheidung, Trennung oder Tod eines Elternteils oder aber die Eltern haben noch nie zusammengelebt. Die Organisation des Alltags erfordert insbesondere von berufstätigen Alleinerziehenden viel Geschick, Flexibilität und gute Nerven, auch wenn von staatlicher Seite Einrichtungen wie Krippen, Kindergärten und Horte geschaffen werden, um die Familien zu unterstützen.

Eine weitere Art des Zusammenlebens ist die *Patchwork-Familie*. Hier haben die Eltern Kinder aus früheren Beziehungen mit in die neue Verbindung gebracht, manchmal kommen auch noch eigene Kinder hinzu. Aktuell leben in dieser Familienform etwa 7–13 Prozent aller Familien – mit steigender Tendenz. Auch wenn Kindern aus Patchwork-Familien eine hohe soziale Kompetenz bescheinigt wird: Nicht immer gestaltet sich das Zusammenleben der neuen Familie einfach. So leiden die Kinder häufig unter der Trennung ihrer leiblichen Eltern und können sich nur schwer an den neuen Elternteil gewöhnen, die Stiefgeschwister werden als Konkurrenz empfunden. Und auch die Erwachsenen haben mit neuen Herausforderungen zu kämpfen. So müssen sie einerseits die Beziehung zum neuen Partner und den Stiefkindern aufbauen, andererseits im Interesse des gemeinsamen Kindes den Kontakt zum Ex-Partner pflegen.

Besonders in ländlichen Gebieten, wo z. B. auf Bauernhöfen jede helfende Hand gebraucht wurde, war sie früher oft zu finden: die *Großfamilie*, bei der Großeltern, Eltern mit Kindern und oft auch noch die Geschwister der Eltern mit ihrer Familie unter einem Dach lebten. Häufiger als in der Stadt gibt es diese Familienform auf dem Land auch heute noch, allerdings lebt jede Generation zumeist in einem separaten Bereich. Zusammenhalt und gegenseitige Unterstützung werden in einer solchen Großfamilie nach wie vor großgeschrieben: Während die Großmutter auf die Enkel aufpasst, kocht die Mutter die Mahlzeiten für die älteren Generationen mit. Da jedes Mitglied der großen Familie eine eigene Persönlichkeit und eigene Bedürfnisse mit einbringt, ist für ein harmonisches Zusammenleben viel Toleranz und Rücksichtnahme erforderlich – und genügend Platz.

**KV**
Seite
35/36

### Alex' Familie
### Familien heute

Alex lebt in einer sehr kleinen Familie. Da er sich mit seinen Eltern nicht besonders gut versteht und keine Geschwister hat, bekommt er aus seinem unmittelbaren familiären Umfeld keine Unterstützung. So bleibt nur seine Großmutter Roos, die allerdings nicht bei der Familie van Schendel wohnt.

Die Schüler schneiden die Figuren für die entsprechenden Familienmitglieder von Alex' Familie und ihrer eigenen Familie aus und gestalten sie farbig. Leiten Sie davon ausgehend auf die unterschiedlichen Familienformen auf der zweiten Kopiervorlage über. Lassen Sie auch diese Familien mit den Figuren von Seite 35 darstellen. Sprechen Sie anschließend mit den Schülern über den Wert der Familie und ihre helfende Funktion.

**KV**
Seite
37

### Gedankenspiele

Lassen Sie die Schüler in Gruppen über die Vorzüge, aber auch die Schattenseiten der einzelnen Familienformen diskutieren. Vielleicht gibt es in Ihrer Klasse Kinder aus Ländern, in denen die Großfamilie auch heute noch die normale Familienform ist und die so interessante Aspekte zur Diskussion beitragen können. Im Anschluss an die Bearbeitung der Kopiervorlage bieten sich Rollenspiele an (siehe „Kreativ aktiv").

## Gesprächs- und Schreibanlass

*Mein Freund und ich*
* „Sage mir, wer dein Freund ist, und ich sage dir, wer du bist." Nehmt zu diesem Sprichwort Stellung.

## Kreativ aktiv

*Spiele zur Förderung von Vertrauen und Kooperation*
* „Blindenhund": Bildet Paare. Ein Schüler schließt seine Augen und lässt sich von dem anderen Schüler führen. Die Führenden erfahren dabei Verantwortung, die Geführten Vertrauen.
* „Kooperationsspiel": Bildet Dreiergruppen. Stellt euch im Kreis auf und fasst euch über Kreuz an den Händen. Jeder von euch hält so jeweils eine Hand von der Person rechts und eine Hand von der Person links neben ihm. Versucht nun, euch zu entwirren, ohne dabei eure Hände loszulassen. Tauscht euch nach dem Spiel über diese Erfahrung aus.

*Parallelgeschichte zum Thema Freundschaft*
* Für Schüler in der vierten Klasse bietet sich parallel zur Lektüre die Geschichte „Swimmy" von Leo Lionni an (erschienen bei Beltz & Gelberg): Swimmy, ein kleiner Fisch, möchte einerseits die Wunder des offenen Meeres erkunden, hat andererseits aber Angst, von den großen Fischen gefressen zu werden. Nach langem Nachdenken findet er die Lösung: Zusammen mit anderen Fischen wird er ins offene Meer schwimmen, denn gemeinsam können sie sich gegenüber den großen Fischen behaupten.
  Setzen Sie die ganze Geschichte oder alternativ nur die Illustrationen als Einstieg in das Thema Freundschaft im Deutsch- oder Kunstunterricht ein.

*Einen Flyer gestalten*
* Diskutiert die Vor- und Nachteile, die der Umzug in ein Altersheim mit sich bringt. Überlegt weiter: Wie müsste ein Altersheim optimalerweise sein? Gestaltet einen Flyer als Werbung für dieses Altersheim oder für eine alternative Wohnform für alte Menschen.

*Gesprächsrunde / Interviews*
* Ladet einen Altenpfleger als Experten in die Klasse ein und stellt ihm Fragen.
* Führt Interviews mit Bewohnern eines Altersheims.

*Rollenspiele*
* Im Anschluss an die KV „Gedankenspiele" (Seite 37) können Rollenspiele umgesetzt werden. Schlüpft in Alex' Rolle und spielt nach, wie ihm von unterschiedlichen Personen geholfen wird. Alternativ könnt ihr auch Situationen darstellen, in denen euch selbst in einer schwierigen Lage geholfen wird.

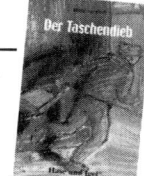

# 8. Kapitel: Weißt du Bescheid?

 Kreise die Zahlen vor den richtigen Aussagen ein.

Voll Entsetzen entdeckt Alex eine Zeitungsnotiz …

1 … über einen jungen Taschendieb.
2 … über einen Kaufhausdiebstahl.

Alex versteckt seine blaue Jacke in einem Riss in der Wand, …

3 … damit seine Mutter nicht schimpft, weil sie zerrissen ist.
4 … weil sie ihn verraten könnte.

Alex' Mutter erzählt aufgebracht, …

5 … dass Roos von der Küchenleiter gestürzt sei.
6 … dass Roos die Kellertreppe hinuntergefallen sei.

Die Mutter kann nicht verstehen, …

7 … warum Roos ständig Hilfe braucht.
8 … warum Roos sie nie um Hilfe bittet.

Ein eiskalter Schauer läuft Alex den Rücken hinunter, …

9 … weil er vermutet, dass Roos von der Leiter gestoßen wurde.
10 … weil es draußen eiskalt ist.

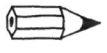 Male nur die Felder mit den eingekreisten Lösungszahlen farbig aus. Sie ergeben das Lösungswort.

# Mit 66 Jahren ...

Schneide aus Zeitschriften Bilder alter Menschen aus und klebe sie auf.

Beantworte die Fragen.

Ab welchem Alter ist ein Mensch „alt"? _____

Welche Kontakte zu alten Menschen hast du?

_____

_____

_____

Hat es auch Vorteile, alt zu sein? Begründe deine Meinung.

_____

_____

_____

_____

Vergleicht eure Antworten und sprecht darüber. Wie stellt ihr euch euer Leben im Alter vor? Wofür hättet ihr dann endlich Zeit? Denkt auch darüber nach, inwieweit Familie, Freunde, Gesundheit und finanzielle Mittel eure Überlegungen beeinflussen können.

# Wohin im Alter?

Roos ist 72 Jahre alt. Sie lebt in ständiger Angst, dass sie von Alex' Mutter in einem Altersheim untergebracht wird.

 Schreibe in die Sprechblasen, aus welchen Gründen …

a) … Roos nicht ins Altersheim ziehen möchte.

b) … Alex' Mutter möchte, dass Roos ins Altersheim zieht.

 Alex unterstützt Roos und sagt: „Ich würde auch nicht in einem Altersheim wohnen wollen" (Seite 17). Wie denkst du darüber?

 Informiere dich über mögliche Alternativen zu einem Altersheim. Nutze das Internet, Zeitungen, Zeitschriften und befrage Menschen in deiner Umgebung. Trage deine Ergebnisse der Klasse vor.

_____

_____

_____

_____

# Familienrat

Oma Hertha lebt alleine in einem großen alten Haus mit Garten am Stadtrand. Sie kann nicht mehr gut laufen und vergisst auch schon mal etwas, aber sie ist sehr unternehmungslustig und möchte auf keinen Fall „nutzlos" im Altersheim sitzen.

 Bildet „Familien" und übernehmt die Rollen der einzelnen Familienmitglieder. Haltet Familienrat und entscheidet: Wohin mit Oma? Passt eure Argumente den Angaben auf den Rollenkärtchen an.

✂

### Oma Hertha

findet, dass sie mit ein bisschen Hilfe gut alleine zurechtkommt. In ihrem Haus lebt sie schon seit 35 Jahren, hier kennt sie alles und in der Umgebung wohnen auch ihre Bekannten.

### Hannes

besucht seine Oma gern. In ihrem Garten kann man prima spielen – manchmal sogar mit Oma, die er gar nicht alt findet. Warum bleibt nicht alles, wie es ist?

### Mutter

hat Angst, dass ihrer Mutter etwas passiert. Sie möchte Oma Hertha gut betreut wissen – am liebsten bei sich zu Hause, auch wenn es etwas eng wird in der kleinen Wohnung.

### Vater

hat im Job viel zu tun und keine Lust, ständig zu seiner Schwiegermutter zu fahren und Reparaturen an dem alten Haus durchzuführen. Aber mit Hertha unter einem Dach? Niemals!

### Tante Charlotte

ist Mutters Schwester. Sie schafft es nicht, sich regelmäßig um ihre Mutter zu kümmern, da sie in einer anderen Stadt wohnt. Sie findet, Oma Hertha braucht professionelle Betreuung.

### Onkel Philipp

ist Tante Charlottes Mann. Er hat vor Kurzem in der Zeitung von einem Projekt gelesen, in dem jüngere und ältere Menschen zusammen leben und sich gegenseitig helfen.

# „Alt sein" heißt …

 Bildet Vierergruppen. Schneidet die Kärtchen aus und mischt sie.
Dann zieht einer von euch ein Kärtchen, liest es laut vor und nimmt dazu
Stellung. Diskutiert anschließend über die Aussage und die Meinung
eures Mitschülers.

✂

| | |
|---|---|
| Alte Menschen haben kein Verständnis für junge Leute. | Man ist so alt, wie man sich fühlt. |
| Rentner haben zu viel Zeit. | Alte Leute sind eine Gefahr für die Öffentlichkeit. |
| Die Familie sollte entscheiden, ob ein alter Mensch ins Altersheim ziehen soll. | Alt ist man doch schon mit 50 – dann ist man weg vom Fenster. |
| Alte Leute hören besser zu. | Alte Menschen sind nutzlos. |
| Ein alter Mensch muss nicht mehr lernen. | Alte Menschen sind Ballast für die Familie. |
| Schönheit ist keine Frage des Alters. | Man kann nicht alle alten Leute über einen Kamm scheren. |
| Der Älteste in der Familie hat das Sagen. | Alte Menschen sind eine Bereicherung. |
| Alte Menschen sind weise. | Alte Menschen verdienen Respekt. |
| Je oller, je doller. | Man muss schon in jungen Jahren für das Alter vorsorgen. |

# 9. Kapitel: Weißt du Bescheid?

 Ergänze die fehlenden Wörter. Streiche die Wörter durch, die du eingesetzt hast.

reden   Mutter   gestoßen   Brunnen   Vincent   Lucas

gefallen   Vater   Ruhe   Park   Besuch   Evert

bedrohen   Handtaschenraub   Lehrer   zwingen   entführen

1. Alex streitet mit Roos, weil er ihr nicht glaubt, dass sie von der Leiter

_____ ist. Er ist davon überzeugt, dass Evert und Lucas

sie _____ haben.

2. Alex möchte nun auch nicht mehr mit Roos _____ .

_____ , _____ und auch die _____

bemerken, dass mit ihm etwas nicht in Ordnung ist. Aber Alex will mit keinem

sprechen, sondern in _____ gelassen werden.

3. Alex' Mutter bekommt _____ von einer Freundin und deren kleinem

Sohn _____ . Alex beschäftigt sich mit dem kleinen Jungen und

geht mit ihm in den _____ . Dort begegnen sie _____

und _____ , die den kleinen Jungen für eine kurze Zeit auf dem

Moped _____ .

4. Alex beschließt, nicht zum _____ zu gehen. Aber die beiden Jungen

holen ihn zu Hause ab. Sie _____ ihn mit einem Messer und

_____ ihn am gleichen und dem darauffolgenden Abend zum

_____ .

# Freunde

„Manche Leute haben Freunde, die zu den unmöglichsten Zeiten
vor der Tür stehen oder am Telefon hängen.
Aber solche Freunde habe ich nicht, falls ich überhaupt Freunde habe." (Seite 21)

✏️ Was ist ein Freund? Kreuze die Aussagen an, denen du zustimmst.

Ein guter Freund / eine gute Freundin …

| | | | |
|---|---|---|---|
| ☐ | … versteht mich ohne Worte. | ☐ | … hat keine Geheimnisse vor mir. |
| ☐ | … redet nicht schlecht von mir. | ☐ | … würde für mich lügen. |
| ☐ | … behält Geheimnisse für sich. | ☐ | … kritisiert mich nicht. |
| ☐ | … leiht mir Geld. | ☐ | … ist immer für mich da. |
| ☐ | … macht die Hausaufgaben für mich. | ☐ | … gibt mir Ratschläge. |
| ☐ | … wird von meinen Eltern gemocht. | ☐ | … kann mit mir auch traurig sein. |
| ☐ | … darf sich mit mir nicht streiten. | ☐ | … ist mit mir immer einer Meinung. |
| ☐ | _____ . | ☐ | _____ . |

✏️ Wie hätten Freunde Alex helfen können? Schreibe auf.

_____          _____

_____          _____

_____          _____

_____          _____

✏️ Was bedeutet Freundschaft für dich?
Schreibe ein „Freundschafts-Elfchen".

| | |
|---|---|
| ein Wort | Freundschaft |
| zwei Wörter | _____ _____ |
| drei Wörter | _____ _____ _____ |
| vier Wörter | _____ _____ _____ _____ |
| ein Wort | _____ |

# 10. und 11. Kapitel: Weißt du Bescheid?

Verbinde die Satzteile. Trage die fehlenden Wörter mit Großbuchstaben in das Rätselgitter ein. Schreibe das Lösungswort in den Satz.

| | | |
|---|---|---|
| 1. Eines Morgens, als Alex aufwacht, | ● ● | kommt es immer wieder zum … mit seinem Vater. |
| 2. Alex will nicht zur Schule gehen, sondern | ● ● | fühlt sich sein Körper … an und tut weh. |
| 3. Alex' Mutter ruft den Hausarzt an, | ● ● | … ans Bett. |
| 4. Alles ist weich und warm um Alex herum und er fühlt sich | ● ● | der Alex …, aber keine Krankheit feststellen kann. |
| 5. Alex' Mutter ist sehr besorgt und bringt ihm | ● ● | nur noch … |
| 6. Weil Alex im Bett liegen bleibt, | ● ● | soll Alex 400 Euro in der Woche an … abliefern. |
| 7. Damit Alex sich „wie neugeboren" fühlt, | ● ● | wie von einer … eingehüllt. |
| 8. Um von Lucas in Ruhe gelassen zu werden, | ● ● | die … rauben. |
| 9. Wieder soll Alex einer alten Frau | ● ● | geht sein Vater mit ihm auf den Sportplatz zum … |

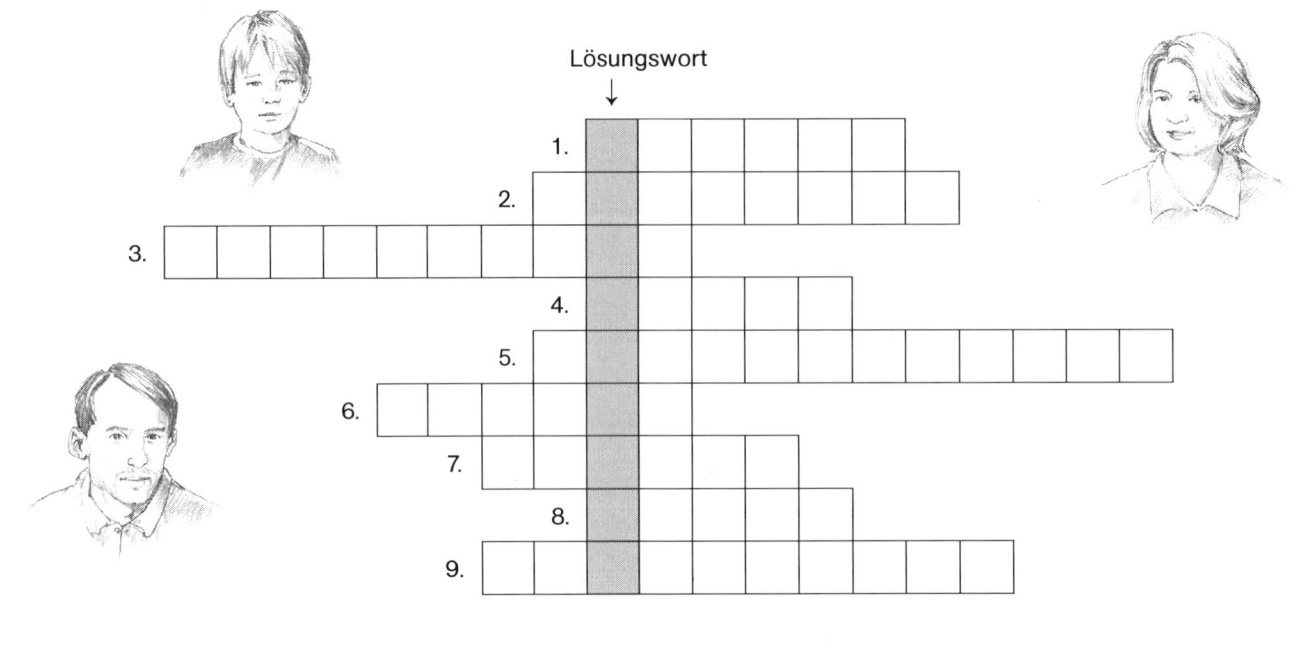

Lösungswort

1.
2.
3.
4.
5.
6.
7.
8.
9.

Sein ☐☐☐☐☐☐☐☐☐ führt Alex in eine ausweglose Situation.

# Alex' Familie

Alex lebt in einer sehr kleinen Familie, denn er hat keine Geschwister.

 Schneide Figuren aus
und stelle Alex' Familie dar.

Wie sieht deine Familie aus?

 Schneide Figuren aus und stelle deine Familie dar.

# Familien heute

Schneide Figuren aus und klebe die verschiedenen Familienformen in die Rahmen.

Oft leben Kinder heute nur mit einem Elternteil zusammen.

Eine „Kernfamilie" besteht aus Vater, Mutter und ein bis mehreren leiblichen Kindern.

Eine „Patchwork-Familie" besteht aus Vater und Mutter, die jeweils Kinder mit in die Ehe gebracht haben. Manchmal kommen noch gemeinsame Kinder dazu.

Früher lebten meist mehrere Generationen unter einem Dach: Großeltern, Eltern, Kinder, Tanten und Onkel, Cousinen und Cousins.

# Gedankenspiele

✏️ Welche Vor- und Nachteile haben die verschiedenen Familienformen?

| Familienform | Vorteile | Nachteile |
|---|---|---|
| „Kernfamilie" | | |
| Eineltternfamilie | | |
| Patchwork-Familie | | |
| Großfamilie | | |

✏️ Wie könnte eine größere Familie Alex unterstützen? Kreuze an.

☐ Geborgenheit      ☐ Gespräche

☐ Vermittlung      ☐ Strenge

☐ Erfahrung      ☐ Beratung

☐ Geld      ☐ Unterstützung

☐ Begleitung      ☐ Geschenke

☐ Sport      ☐ Gemeinschaft

☐ Computerspiele      ☐ Schutz

✏️ Alex malt sich aus, wie andere Familienmitglieder ihm helfen könnten.
Beende die Sätze.

Eine größere Schwester
_____
_____

_____
_____

Ein großer Bruder
_____

Ein Onkel
_____

Zwei starke Cousins
_____
_____

## Inhalt

Auf einer Radtour hat Alex einen Unfall und stürzt. In der Wohnung einer blinden, älteren Frau namens Hester wird er von deren Bruder verbunden. Hester besitzt eine Muschelsammlung. Außerdem bewahrt sie eine Sammlung von Tierskeletten und -schädeln auf, die ihrem verstorbenen Mann gehörte. Da Alex großes Interesse daran zeigt, verabreden sie einen weiteren Besuch, bei dem er sich diese Schätze in Ruhe anschauen wird.

Am folgenden Tag radelt Alex morgens zum Strand, um Muscheln für Hester zu suchen. Wieder kommt es zu einer Begegnung mit Lucas. Zum ersten Mal gelingt es Alex, sich der Forderung nach einem weiteren Handtaschenraub zu entziehen, indem er die beiden Brüder geschickt gegeneinander ausspielt.

Aufgewühlt von dieser Begegnung beschließt Alex, Roos alles zu erzählen. Da er Roos nicht antrifft, geht er zu Hester und vertraut sich ihr an. Von ihr erfährt er, dass Roos bereits die Polizei informiert hat, was ihn sehr erleichtert. Nun sieht er die Notwendigkeit, nicht nur Roos, sondern auch seinen Eltern die Wahrheit zu sagen.

Nachdem Roos von den Geschehnissen erfahren hat, berichtet sie im Beisein von Alex dessen Eltern davon. Der Vater macht seinem Sohn heftige Vorwürfe und beschimpft ihn als Feigling. Beide Elternteile unterstützen ihn jedoch, indem sie mit ihm zusammen zur Polizei gehen, wo Alex „auspackt". Am Abend tauchen Evert und Lucas plötzlich bei Alex zu Hause auf und wollen sich rächen. Sie drohen damit, Alex zusammenzuschlagen. Der Vater und Alex prügeln sich mit ihnen, bis schließlich die Polizei kommt und die Brüder abführt.

## Unterrichtsschwerpunkte

- Umgang mit Blinden, Hilfsmittel für Blinde
- Formen von Gewalt anhand von Szenen in der Lektüre benennen
- Verhalten bei Bedrohung und Angriff
- Schuld und Strafe

## Zu den Kopiervorlagen

**12. bis 14. Kapitel:**
**Weißt du Bescheid?**
Greifen Sie den Lösungssatz „Schweigen ist gut, Reden ist besser" auf und stellen Sie ihn dem bekannten Sprichwort „Reden ist Silber, Schweigen ist Gold" gegenüber.

*Lösung*
richtige Aussagen: 2, 3, 5, 7, 8, 9, 10, 12, 15, 16, 18, 19, 21, 22
falsche Aussagen: 1, 4, 6, 11, 13, 14, 17, 20, 23

Lösungssatz:
SCHWEIGEN ist GUT, REDEN ist BESSER.

**Ich sehe nicht, was du so siehst**
Sprechen Sie als Einstieg über Behinderungen allgemein, z. B.: Welche Behinderungen gibt es? Kennst du (prominente) Behinderte (z. B. Andrea Bocelli, Stevie Wonder, Wolfgang Schäuble)? Welche Institutionen helfen Behinderten im Alltag zurechtzukommen? Hinterfragen Sie diskriminierende Aussprüche wie „Du bist ja behindert." oder „Du Mongo!".

Indem die Schüler ihren eigenen Tagesablauf in Gedanken durchgehen, machen sie sich bewusst, wie wichtig ihre Augen für fast alle Aktivitäten sind – angefangen von der Auswahl ihrer Kleidung am Morgen über den Weg zur Schule, im Schulhaus, nachmittags beim Training im Sportverein und abends beim Fernsehen oder Lesen. Was würde sich ändern, wenn sie plötzlich blind wären? Wobei bräuchten sie Hilfe? Ausgehend von diesen Gedanken, recherchieren die Schüler im Internet nach Hilfsmitteln, die es Blinden erlauben, auch ohne die ständige Unterstützung anderer Menschen ein selbst bestimmtes Leben zu führen.

*Mögliche Lösung*
Aufgabe 2:
Blindenführhund: führt akustische Kommandos aus, wie „geradeaus", „Suche Tür" usw. Er weicht Hindernissen aus, zeigt Straßenbegrenzungen, Zebrastreifen, Treppen u. Ä. an und sucht auf Anweisung Telefonzellen oder freie Sitzplätze in Bussen. Im Falle einer Gefahr ist der Hund in der Lage, einen Befehl zu verweigern und selbstständig zu handeln („intelligenter Ungehorsam"). Ein ausgebildeter Blindenhund muss 40 Kommandos beherrschen, kann bei entsprechendem Training aber bis zu 400 lernen.
Blindenleitsystem im Straßenverkehr: akustische oder vibrierende Signaleinrichtungen bei Ampeln, Noppenpflaster an Bushaltestellen, Beschriftung von Aufzügen und Treppengeländern mit Brailleschrift
„sprechende" Uhren, Wecker, Fieberthermometer
Herdüberwachung: gibt akustisches Signal, wenn der Herd zu lange eingeschaltet ist
Farberkennungsgerät: kann neben ein Kleidungsstück gehalten werden und sagt dann dessen Farbe an
Fernsehen: Zweikanalton, bei dem auf dem zweiten Kanal per Audiodeskription die Handlung erzählt wird

Brailleschrift: ermöglicht blinden Menschen das Lesen und Schreiben: Sie besteht aus sechs Punkten, die in verschiedenen Kombinationen von hinten in das Papier gepresst sind, sodass sie mit den Fingerspitzen ertastet werden können.

Blindenschreibmaschine: zum Schreiben der Brailleschrift

Computer mit Braille-Display: Text wird auf dem Bildschirm in Brailleschrift ertastbar

Vorlesesysteme für Bildschirmtexte: setzen Bildschirmtext in Sprache um

Aufgabe 3:
Auto fahren, Baustellen und andere unübersichtliche Verkehrssituationen

### Nicht blöd, sondern blind

Einen nützlichen Ratgeber für den Umgang mit blinden Menschen finden Sie als pdf-Dokument zum Download auf der Internetseite des Deutschen Blinden- und Sehbehindertenverbands *(www.dbsv.org)* unter Leben mit Blindheit/Sehbehinderung – Publikationen. Weitere Texte, in denen Blinde aus ihrem Alltag berichten, finden Sie unter *www.anderssehen.at/alltag.shtml*

### Man sieht nicht nur mit den Augen gut

*Mögliche Lösung*

Aufgabe 1:

Tastsinn: Hester hält während des Eingießens den Daumen in das Glas. Als der Saft ihren Daumen erreicht, weiß sie, dass das Glas voll ist. (Seite 125)

Hester tastet mit einem Finger über die Uhr an ihrem Handgelenk. (Seite 127)

Vor der Tür hält Hester ihr Gesicht nach oben. Sie spürt die Sonne und eine leichte Brise und beschließt daraufhin, ihren Mantel zu Hause zu lassen. (Seite 128)

Hörsinn:

„Du hast eine helle Stimme. Dazu passt blondes Haar." (Seite 126)

Ein Blinder hört genau, wie weit jemand weg ist, der mit ihm spricht, und auch, ob sein Gegenüber ihn beim Sprechen anschaut.

Geruchssinn: Gerüche helfen Blinden den Weg zu finden: eine Bäckerei duftet z. B. anders als ein Schuhladen.

Geschmackssinn: Das Auge isst nicht mit: Blinde prüfen den Geschmack von Speisen kritischer. Da sie z.B. das kunstvolle Arrangement der Speisen nicht würdigen können, zählt – in Kombination mit dem Geruch – allein der Geschmack.

Aufgabe 2:
Ich muss jetzt gehen./Ich muss nach Hause.

Aufgabe 3:
Hester erfasst, dass Alex Hilfe braucht.

Aufgabe 4:
Bereits bei seinem ersten Besuch hat Alex zu Hester Vertrauen gefasst: „…sie sah … sehr lieb aus, besonders wenn sie lachte." (Seite 124) Sie begegnet ihm freundlich und interessiert, teilt sein Hobby und lädt ihn ein, wiederzukommen. Das zweite Mal sucht Alex Hester auf, nachdem er sich bei Roos alles von der Seele reden will, Roos aber nicht zu Hause ist. Hesters ruhige, mitfühlende, aber auch überlegte Art hilft Alex, sich ihr zu öffnen.

### 15. Kapitel:
### Weißt du Bescheid?

*Lösung*

1. ROOS, 2. VATER, 3. UMARMUNG, 4. ELTERN, 5. ERLEICHTERT, 6. RACHE, 7. TREPPENABSATZ, 8. NASE, 9. AUFHÖREN

Alex findet einen Ausweg, denn er fasst VERTRAUEN.

### Bei Bedrohung …

Sammeln Sie mit den Schülern mögliche bedrohliche Situationen an der Tafel. Wer wurde schon einmal bedroht? Wie hat sich der Täter/das Opfer in dieser Situation verhalten? Wie wurde der Konflikt gelöst? Welche Möglichkeiten gibt es generell, Konflikte zu entschärfen? Welches persönliche Risiko sollte man eingehen? Ist es besser, sofort die Polizei zu alarmieren und Hilfe von Passanten zu erbitten oder selbst einzugreifen?

Rollenspiele und konkrete Übungen zum Umgang mit direkter Gewalt bieten die Chance, bisher ungewohntes Verhalten auszuprobieren und einzuüben. Oft wird die Vielfalt der Möglichkeiten unterschätzt. Lassen Sie die Schüler einzelne Situationen für sich allein und im Gespräch mit anderen durchspielen und so jeden Einzelnen herausfinden, zu welchem persönlichen Risiko er bereit ist.

*Lösung*

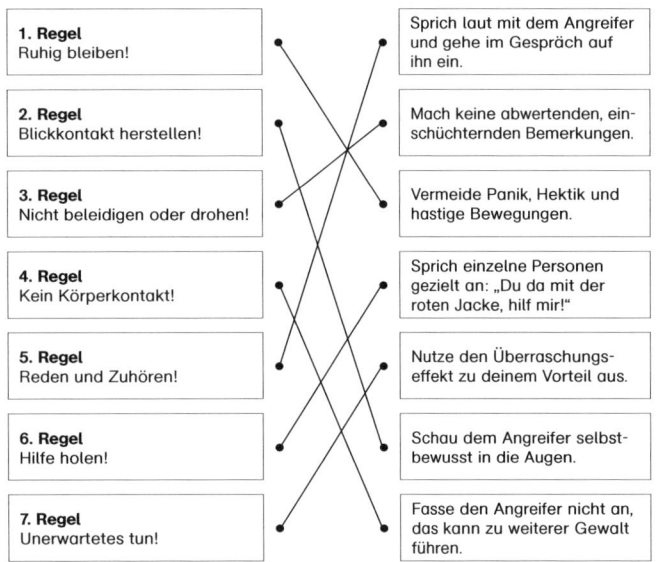

| | |
|---|---|
| **1. Regel** Ruhig bleiben! | Sprich laut mit dem Angreifer und gehe im Gespräch auf ihn ein. |
| **2. Regel** Blickkontakt herstellen! | Mach keine abwertenden, einschüchternden Bemerkungen. |
| **3. Regel** Nicht beleidigen oder drohen! | Vermeide Panik, Hektik und hastige Bewegungen. |
| **4. Regel** Kein Körperkontakt! | Sprich einzelne Personen gezielt an: „Du da mit der roten Jacke, hilf mir!" |
| **5. Regel** Reden und Zuhören! | Nutze den Überraschungseffekt zu deinem Vorteil aus. |
| **6. Regel** Hilfe holen! | Schau dem Angreifer selbstbewusst in die Augen. |
| **7. Regel** Unerwartetes tun! | Fasse den Angreifer nicht an, das kann zu weiterer Gewalt führen. |

◿ **KV** Seite 48/49 **Schritte der Gewalt**

Die beiden Arbeitsblätter bieten anhand von Textstellen und zur Lektüre passenden Bildern eine Zusammenfassung der Gewalttaten. Verdeutlichen Sie noch einmal, welches Ausmaß Gewalt annehmen kann, wenn das Opfer nicht aus seiner Rolle herausfindet. In Alex' Fall lässt sein anhaltendes Schweigen die Situation eskalieren.

*Lösung*

1. Erpressung
2. Diebstahl
3. Telefonterror
4. Beleidigung
5. Körperverletzung
6. Schikane
7. Tierquälerei
8. Drohung
9. Freiheitsberaubung
10. Bedrohung
11. Raub
12. Entführung

**Bestrafung von Kindern und Jugendlichen**

Kinder unter 14 Jahren sind in Deutschland „strafunmündig", d.h. sie können für ihre Handlungen nicht bestraft werden.

Die Bestrafung von Jugendlichen zwischen 14 und 18 Jahren regelt das Jugendstrafrecht. Im Gegensatz zum Erwachsenenstrafrecht ist das Hauptanliegen beim Jugendstrafrecht nicht die Sühne einer Tat oder der Schutz der Bevölkerung vor dem Täter, sondern die Erziehung des straffällig gewordenen Jugendlichen.

Um dem jugendlichen Straftäter zu verdeutlichen, dass die Normen der Gesellschaft auch für ihn verbindlich sind, kann der Richter zwischen Erziehungsmaßregel, Zuchtmittel und Jugendstrafe wählen – je nachdem, welche Strafmaßnahme den besten Erfolg für eine Resozialisierung verspricht.

Erziehungsmaßregeln sind Gebote oder Verbote, die das Gericht aussprechen kann und die der Jugendliche befolgen muss, z.B.:
– unentgeltlich Arbeitsstunden in einer gemeinnützigen Einrichtung ableisten
– an einem sozialen Trainingskurs teilnehmen
– den Umgang mit bestimmten Personen oder den Besuch bestimmter Örtlichkeiten unterlassen
– eine Arbeits- oder Ausbildungsstelle annehmen
– in einem Heim wohnen.
Erst wenn die Erziehungsmaßregeln nicht ausreichen, können Zuchtmittel oder eine Jugendstrafe angeordnet werden.

Zuchtmittel sind Verwarnungen durch den Richter, Auflagen (verschärfte Verwarnungen, bei denen der Jugendliche eine Sühneleistung erbringen muss, die in Bezug zur Straftat steht, z.B. eine Geldbuße an eine gemeinnützige Einrichtung) und Jugendarrest (kurzzeitiger Freiheitsentzug).

Die Jugendstrafe dauert mindestens sechs Monate und maximal fünf Jahre und wird in Justizvollzugsanstalten für Jugendliche verbüßt. Sie kann auch zur Bewährung ausgesetzt werden.

Eine Besonderheit des Jugendstrafverfahrens ist die Einschaltung der Jugendgerichtshilfe. Sie hat die Aufgabe, die Staatsanwaltschaft und das Gericht über die Persönlichkeit des Angeklagten, insbesondere über seinen Reifegrad, zu informieren sowie den jugendlichen Straftäter während des Verfahrens zu begleiten.

◿ **KV** Seite 50 **Schuld und Strafe**

Die Fragen nach Schuld und Bestrafung werden in der Lektüre nicht beantwortet. Geben Sie diese Fragen an die Schüler weiter: Wer ist schuldig? Insbesondere bei Alex ist die Entscheidung nicht einfach: Ist er nur Opfer – oder auch Täter? Inwieweit hat auch er Schuld daran, was passiert ist? Sollte er bestraft werden? Und wie sieht es bei Evert und Lucas aus? Welche Strafe haben die beiden Brüder verdient? Ausgehend von diesen Fragen wird darüber diskutiert, welche Bestrafung dem Alter der Täter und der Schwere des Verbrechens angemessen ist. Greifen Sie auch den Grundgedanken des Jugendstrafrechts auf: Strafe als Mittel, den Täter wieder „auf den rechten Weg" zu bringen im Gegensatz zur Sühne einer Tat.

**Wer sagt was?**

*Lösung*

Alex: „Du hast überhaupt keine Ahnung von mir!" (zu seinem Vater, Seite 119); „Warum lasst ihr mich nicht in Ruhe? Ich verrate euch nicht." (zu Lucas und Evert, Seite 46)

Vater: „Du Feigling. Du hättest dich besser wehren sollen." (Seite 151); „Was bist du für ein Kerl? Als ich so alt war wie du …" (Seite 119)

Roos: „Wenn man nicht weiß, was Angst ist, weiß man auch nicht, was Freiheit ist." (Seite 60); „Du sollst mit niemandem darüber sprechen." (Seite 15)

Hester: „Ich will mich nicht aufdrängen, aber vielleicht möchtest du mir etwas erzählen." (Seite 143); „Ich kann dich nicht sehen, aber das hast du wahrscheinlich schon gemerkt." (Seite 126)

Lucas und Evert: „Du bist ein schmutziger Dieb." (Evert, Seite 65); „Es passiert nichts mit deiner Flöte, falls du brav bist und tust, was wir sagen." (Lucas, Seite 47); „Wiederhole, was ich sage: Ich bin ein Baby mit einem rosa Sparschwein." (Lucas, Seite 62)

## Gesprächs- und Schreibanlässe

*Zitate zum Thema Blindheit*

• Setzt euch mit dem Ausspruch „Blindheit trennt von Dingen, Taubheit trennt von Menschen" der taubblinden US-amerikanischen Schriftstellerin Helen Adams Keller (1880–1968) auseinander.

• „Man sieht nur mit dem Herzen gut." (Antoine de Saint-Exupéry, 1900–1944). Erkläre.

## Kreativ aktiv

*Sinnesspiele*

• Um die Schüler die Einschränkungen, die eine Behinderung wie Blindheit mit sich bringt, selbst erleben zu lassen, bieten sich Sinnesspiele zur Sensibilisierung an. Ein Dokument mit zahlreichen Spielen finden Sie zum Download auf der Internetseite des Bunds der Deutschen Katholischen Jugend Erzdiözese Köln *(www.bdkj.koeln.de)* unter Material – Inklusion – Jugendverbände.

• „Blind spielen": Bei diesem Partnerspiel werden einem Schüler mit einem Tuch oder Schal die Augen verbunden. Der andere ist der Blindenführer. Er führt seinen Partner durch die Schule und das Schulgelände. Anfangs sollte der Blindenführer den Partner an die Hand nehmen, nach einiger Zeit genügt die Stimme. Ganz wichtig ist es, dem „Blinden" die erforderlichen Informationen zu geben, z. B. über Stufen, Unebenheiten, Türen, Richtungen (rechts, links, geradeaus). Der Blindenführer darf aber nicht zu viel verraten, denn der blinde Partner soll erraten, wo genau er sich befindet, und beschreiben, was er hört und fühlt. Gelegentlich kann der Blindenführer dem Partner Fragen stellen, die dieser aufgrund seines Wissens als Sehender beantworten kann, z. B.: „Vor welcher Klassentür stehen wir jetzt? Ist … jetzt links oder rechts von uns?" Dann werden die Rollen getauscht.

*Gewaltprävention*

• Nutzt das Beratungs- und Veranstaltungsangebot der Polizei zur Gewaltprävention. Sie führt auch Unterrichtsgespräche und Workshops in Schulen und Jugendeinrichtungen durch.

• Erarbeitet, z. B. im Rahmen einer Projektwoche, ein schuleigenes Interventionsprogramm gegen Gewalt.

• Gestaltet im Kunstunterricht euer eigenes „Schutzschild" gegen Bedrohung (siehe KV „Bei Bedrohung …", Seite 49).

*Recherche Jugendstrafe*

• Informiert euch über Zweck, Dauer und mögliche Formen der Jugendstrafe.

*An einer Gerichtsverhandlung teilnehmen*

• Die meisten Verhandlungen im Amtsgericht sind öffentlich. Die jeweiligen Kammern oder Senate geben euch Auskunft darüber, wann welche Straftat verhandelt wird und ob die jeweilige Verhandlung öffentlich ist. Ihr könnt euch aber auch über die Aushänge im Foyer oder an den Sitzungstüren informieren. Jugendgerichtsverfahren sind allerdings zum Schutz der Beteiligten grundsätzlich nicht öffentlich.

*Rollenspiel Gerichtsverhandlung*

• Spielt eine Gerichtsverhandlung nach: Alex, Evert und Lucas müssen vor einem Jugendrichter noch einmal erzählen, was passiert ist. Ein Jugendgericht (ein Richter und zwei Schöffen) entscheidet anschließend über Schuld oder Unschuld der Jungen und ggf. über die Strafen.

# 12. bis 14. Kapitel: Weißt du Bescheid?

✏️➤ Stimmt das? Kreise jeweils den richtigen Buchstaben ein und schreibe ihn unten in das entsprechende Kästchen.

| | | richtig | falsch |
|---|---|---|---|
| 1. | Alex fühlt sich nicht mehr bedroht. | L | S |
| 2. | Alex radelt durch die Gegend. | C | Ü |
| 3. | Er verletzt sich bei einem Unfall das Knie. | H | G |
| 4. | Alex kommt ins Krankenhaus. | E | W |
| 5. | Eine Frau namens Hester und ihr Bruder verbinden Alex' Knie. | E | N |
| 6. | Hesters Bruder ist blind. | S | I |
| 7. | Alex findet Hester schön. | G | C |
| 8. | Alex findet Hester unheimlich. | E | H |
| 9. | In Hesters Wohnung ist eine Skelett-, Schädel- und Muschelsammlung. | N | A |
| 10. | Sie verabreden einen weiteren Besuch. | G | R |
| 11. | Nach dem Besuch bei Hester ist Alex sehr traurig. | F | U |
| 12. | Am Sonntagmorgen will Alex Muscheln suchen gehen. | T | L |
| 13. | Alex nimmt einen Hund mit zum Strand. | E | R |
| 14. | Evert bedroht Alex am Strand. | B | E |
| 15. | Alex trifft Lucas. Er spielt die Brüder gegeneinander aus und erreicht, dass Lucas ihn in Ruhe lässt. | D | E |
| 16. | Alex kann die Spannung nicht mehr aushalten. | E | N |
| 17. | Er geht zu Roos und erzählt ihr alles. | K | N |
| 18. | Er geht zu Hester, die ihm ihre Hilfe anbietet. | B | I |
| 19. | Alex ist froh, Hester alles erzählen zu können. | E | N |
| 20. | Hester informiert Alex' Eltern. | D | S |
| 21. | Hester informiert Roos. | S | F |
| 22. | Roos hat der Polizei schon davon erzählt, wie sie überfallen wurde. | E | Ü |
| 23. | Roos hat auch mit Alex' Eltern gesprochen. | T | R |

| 1 | 2 | 3 | 4 | 5 | 6 | 7 | 8 | 9 | ist | 10 | 11 | 12 | , | 13 | 14 | 15 | 16 | 17 | ist | 18 | 19 | 20 | 21 | 22 | 23 | . |
|---|---|---|---|---|---|---|---|---|---|---|---|---|---|---|---|---|---|---|---|---|---|---|---|---|---|---|

# Ich sehe nicht, was du so siehst

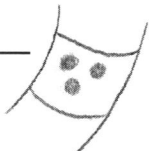

In Deutschland sind ca. 145000 Menschen blind – manche von Geburt an, andere können wegen einer Krankheit oder eines Unfalls nichts mehr sehen.

✏️ Stell dir vor, du könntest nicht mehr sehen.
Was würde sich in deinem Alltag ändern?

_____

_____

_____

_____

Dank verschiedener Hilfsmittel können Blinde
heute vieles machen, was Sehende auch tun.

✏️ Recherchiere im Internet (Suchbegriff „Blindheit") und notiere,
welche Hilfsmittel es gibt und wie sie Blinde im Alltag unterstützen.

Blindenstock:    dient als Erkennungsmerkmal für Blinde und Sehbehinderte,
unterstützt Hände und Füße (weist z. B. auf Hindernisse oder
Unebenheiten am Boden hin)

_____    _____

_____

_____    _____

_____

_____    _____

_____

👥 Wobei sind blinde Menschen auf die Hilfe ihrer Mitmenschen
angewiesen?

# Nicht blöd, sondern blind

Alex ist bei seinen Besuchen bei Hester sehr unsicher. Wie viele Sehende weiß er nicht, wie er sich in Gegenwart von blinden Menschen richtig verhalten soll.

 Was müssen Sehende im Umgang mit Blinden beachten? Fertige zusammen mit einem Partner eine Liste an.

 Lest den Text und ergänzt eure Liste.

So „normal" wie möglich miteinander umgehen ist immer richtig. Blinde und sehbehinderte Menschen wünschen keine Sonderbehandlung, sie sind aber dankbar, wenn sie nicht bei jeder Gelegenheit gefragt werden, wie es zu ihrer Behinderung gekommen ist, wenn man ihnen Mitleidsäußerungen erspart und keine Hilfeleistungen aufdrängt. Unterstützung erwarten sie nur dort, wo es gilt, das fehlende Sehvermögen auszugleichen.

„Wie geht es Ihrem Mann?" Diese Frage hören noch immer viele Ehefrauen, wenn sie ihren blinden Partner zum Arzt begleiten. Dabei steht der Patient neben ihr und könnte die Frage doch viel besser beantworten. Sprechen Sie also – und das gilt nicht nur für Ärzte – nicht die Begleitperson an, wenn Sie einem Blinden oder Sehbehinderten etwas sagen möchten.

Wenn ein Sehender einen Blinden oder Sehbehinderten begrüßt und nicht sicher ist, ob der andere ihn erkannt hat, sollte er seinen Namen ruhig noch einmal sagen, denn Verwechslungen können in diesem Fall eher peinlich als lustig sein. Ebenso wichtig ist es, ihn darauf hinzuweisen, wenn man die Unterhaltung unterbricht und sich einem anderen Gesprächspartner zuwendet oder den Raum kurz verlässt.

Ganz selbstverständlich sollte es auch sein, Blinde nicht zu belauschen und in ihrer Gegenwart keine heimlichen Blicke oder Gesten mit anderen auszutauschen.

Viele Passanten wollen besonders rücksichtsvoll sein und bleiben mucksmäuschenstill auf dem Gehweg stehen, wenn ihnen ein Blinder begegnet, um ihn nicht zu stören. Würden sie stattdessen mit normalem Schritt weitergehen oder gar den Blinden ansprechen, dann könnte dieser schon ausweichen, bevor er mit dem Stock das Bein des Passanten berührt. Wenn ein Blinder oder hochgradig Sehbehinderter die Straße überqueren will, ist er über ein Hilfsangebot besonders dankbar. Einige möchten allerdings ganz selbstständig gehen und werden deshalb Hilfe ablehnen.

Beim Gehen ziehen es Blinde vor, den Arm ihrer Begleitperson unterzufassen, sie wollen also nicht gezogen oder geschoben werden. Treppen oder Stufen sollten angekündigt werden. Es ist auch wichtig zu wissen, ob es hinauf oder hinab geht.

Niemals darf man einen blinden Passanten, ohne ihn anzusprechen, einfach am Arm packen und über die Straße mitnehmen oder ihn in ein Verkehrsmittel bugsieren. Schließlich kann man ja nicht wissen, wo derjenige hin will.

„Darf ich Ihnen behilflich sein?" Diese Frage kann nie falsch sein, denn entweder kommt der Angesprochene allein zurecht oder er wird sagen, welche Hilfeleistung er braucht. Und denken Sie auch daran, dass der Blinde oder hochgradig Sehbehinderte Sie als möglichen Helfer noch gar nicht bemerkt haben kann. Deshalb ist er vielleicht dankbar, wenn er angesprochen wird. Um Hilfe bitten ist ohnehin oft schwerer als Hilfe anbieten.

*Deutscher Blinden- und Sehbehindertenverband e. V. (Hrsg.): Siehste?!? Eine Brücke zu sehbehinderten und blinden Menschen, März 1999 (4. Aufl.), S. 20 – 25 (gekürzt)*

Anzeige der Zeitschrift „Die Gegenwart"

 Vergleicht eure Listen in der Klasse.

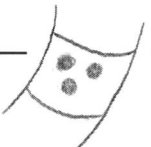

# Man sieht nicht nur mit den Augen gut

Den fehlenden Sehsinn versuchen blinde Menschen dadurch auszugleichen, dass sie verstärkt die anderen vier Sinnesorgane nutzen, um sich im Alltag zurechtzufinden.

✏️▷ Nenne die vier Sinne und überlege dir Situationen, in denen sie für Blinde von großer Bedeutung sind. Beispiele findest du auch im Buch auf Seite 123 – 129 oder im Internet (z. B. *www.dbsv.org* oder *www.bbsb.org*).

Tastsinn: Blinde „lesen" mit den Fingern.

_____

_____ : _____

_____

_____ : _____

_____

_____ : _____

_____

Auch Hester nimmt ihre Umwelt sehr sensibel wahr: Sie kann nicht sehen, dass Alex etwas bedrückt, hört ihm aber sehr aufmerksam und verständnisvoll zu. So bemerkt sie, dass er etwas auf dem Herzen hat.

✏️▷ Was sagt Alex auf Seite 142 dreimal zu Hester?

_____

✏️▷ Was hört Hester aus diesen Worten heraus?

_____

✏️▷ Warum vertraut sich Alex gerade Hester an?

_____

_____

# 15. Kapitel: Weißt du Bescheid?

 Beantworte die folgenden Fragen. Trage die Lösungen mit Großbuchstaben in die Kästchen unten ein. Von oben nach unten gelesen ergeben die Anfangsbuchstaben das Lösungswort.

1. Wer sorgt dafür, dass Alex' Eltern informiert werden?

2. Noch einmal beschimpft der … Alex, nachdem er alles erfahren hat.

3. Genau wie Roos verabschiedet sich Hester von Alex mit einer …

4. Wer begleitet Alex zur Polizei? Seine …

5. Alex ist … als ihm klar wird, dass er nicht ins Gefängnis muss.

6. Was wollen die Brüder, als sie ins Haus eindringen?

7. Alex' Vater und die Jungen rollen kämpfend über den …

8. Alex hat ein geschwollenes Auge, eine dicke Lippe und eine blutende …

9. Was schreit einer der Polizisten beim Hereinkommen?

Lösungswort
↓

2.

5.

6.

7.

1.

9.

3.

4.

8.

Alex findet einen Ausweg, denn er fasst ⬚⬚⬚⬚⬚⬚⬚⬚⬚ .

# Bei Bedrohung ...

Jeder kann unerwartet in eine bedrohliche Situation kommen, aus der er nicht mehr flüchten kann. Falls dir das einmal passieren sollte, beachte die folgenden Regeln.

 Welche Erklärung passt zu den einzelnen Regeln? Verbinde.

| | |
|---|---|
| **1. Regel** Ruhig bleiben! ● | ● Sprich laut mit dem Angreifer und gehe im Gespräch auf ihn ein. |
| **2. Regel** Blickkontakt herstellen! ● | ● Mach keine abwertenden, einschüchternden Bemerkungen. |
| **3. Regel** Nicht beleidigen oder drohen! ● | ● Vermeide Panik, Hektik und hastige Bewegungen. |
| **4. Regel** Kein Körperkontakt! ● | ● Sprich einzelne Personen gezielt an: „Du da mit der roten Jacke, hilf mir!" |
| **5. Regel** Reden und Zuhören! ● | ● Nutze den Überraschungseffekt zu deinem Vorteil aus. |
| **6. Regel** Hilfe holen! ● | ● Schau dem Angreifer selbstbewusst in die Augen. |
| **7. Regel** Unerwartetes tun! ● | ● Fasse den Angreifer nicht an, das kann zu weiterer Gewalt führen. |

 Bildet Gruppen. Stellt euch eine Situation vor, in der ihr bedroht oder angegriffen werdet. Spielt diese Situation nach. Beachtet dabei die sieben Regeln.

 Schreibe rechts auf dein persönliches „Schutzschild" die Verhaltensregel, die am besten zu dir passt.

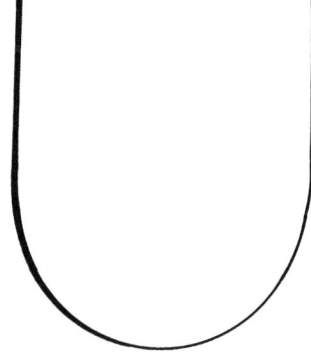

# Schritte der Gewalt (1)

Mit diesen Gewalttaten wird Alex konfrontiert:
Bedrohung, Erpressung, Schikane, Tierquälerei, Raub, Telefonterror, Drohung,
Diebstahl, Entführung, Körperverletzung, Beleidigung, Freiheitsberaubung.

 Schreibe die passenden Begriffe zu den Bildern und Textstellen.

„Wenn du mir jede Woche
400 Euro gibst, sorge ich dafür,
dass Lucas dich in Ruhe lässt."
(Seite 117)

1. _____

2. _____

3. _____

„Halt die Schnauze, widerlicher Knirps.
Kleines, mickriges Ekel." (Seite 95)

4. _____          5. _____

 Materialien und Kopiervorlagen zu: Mieke van Hooft, Der Taschendieb © Hase und Igel Verlag, München

# Schritte der Gewalt (2)

„Sprich:
Ich bin ein Baby mit einem
rosa Sparschwein." (Seite 62)

6. _____

7. _____

„Wenn wir durch deine Schuld
die Polizei auf den Hals bekommen,
wirst du etwas erleben." (Seite 32)

8. _____

9. _____

„Komm! Und gib keinen Muckser von dir."
Er hatte ein Messer in der Hand. (Seite 99/100)

10. _____

11. _____

12. _____

# Schuld und Strafe

Nachdem Alex auf der Polizeidienststelle alles erzählt hat, denkt er über die Folgen nach: „Ich hatte noch immer keine Ahnung, wie es für mich ausgehen würde, aber ich hatte verstanden, dass ich nicht ins Gefängnis musste. Kinder in meinem Alter kommen nicht so schnell ins Gefängnis. Außerdem waren Evert und Lucas auch schuldig, vielleicht noch mehr als ich." (Seite 153)

✏️ Ist Alex schuldig? Begründe.

_____

_____

_____

✏️ Bei einer Gerichtsverhandlung müssen Alex, Evert und Lucas dem Richter erzählen, was passiert ist. Schreibe die drei Aussagen in dein Heft.

✏️ Evert ist noch zu jung für eine Bestrafung durch ein Gericht.
Hat er deiner Meinung nach trotzdem eine Strafe verdient?
Wenn ja – wie könnte so eine Strafe aussehen?

_____          _____

_____          _____

 Lucas ist bereits strafmündig und muss sich für seine Taten verantworten. Welche Strafe oder Strafen hältst du für sinnvoll und angemessen? Begründe.

| | |
|---|---|
| sich bei Roos und Frau de Beer entschuldigen | ein neues Notenbuch für Alex kaufen |
| einen Monat die Schultoiletten putzen | ein halbes Jahr ins Gefängnis gehen |
| drei Wochen lang nach der Schule im Altersheim helfen | von der Schule geschmissen werden |
| Roos vier Wochen im Haushalt und im Garten helfen | sich bei Alex entschuldigen |
| sein Taschengeld drei Monate der Umweltorganisation „Grüne Erde" spenden | in ein Heim für schwer erziehbare Jugendliche eingewiesen werden |

# Wer sagt was?

 Ordne die folgenden Zitate den richtigen Figuren zu.

Wenn man nicht weiß, was Angst ist, weiß man auch nicht, was Freiheit ist.

Du Feigling. Du hättest dich besser wehren sollen.

Du sollst mit niemandem darüber sprechen.

Warum lasst ihr mich nicht in Ruhe? Ich verrate euch nicht.

Was bist du für ein Kerl? Als ich so alt war wie du …

Ich will mich nicht aufdrängen, aber vielleicht möchtest du mir etwas erzählen.

Du bist ein schmutziger Dieb.

Du hast überhaupt keine Ahnung von mir!

Es passiert nichts mit deiner Flöte, falls du brav bist und tust, was wir sagen.

Wiederhole, was ich sage: Ich bin ein Baby mit einem rosa Sparschwein.

Ich kann dich nicht sehen, aber das hast du wahrscheinlich schon gemerkt.

© 2007 Hase und Igel Verlag GmbH, München
www.hase-und-igel.de
Lektorat: Patrik Eis, Juliane Müller
Illustrationen: Johann Brandstetter
Satz: Claudia Trinks

ISBN 978-3-86760-301-0
4. Auflage 2022